JN080398

1日**5**分！
教室でできる

漢字
コグトレ

中学
1〜3年生

児童精神科医・医学博士
宮口幸治

東洋館出版社

はじめに

■ 認知機能へのアプローチが必要な理由

　本書は、中学生で習得すべき漢字を利用して学習の土台となる認知機能を高めるトレーニングを行うことで、**漢字力と認知機能の両方を同時に向上させる**ことを目的としています。

　認知機能とは、記憶、知覚、注意、言語理解、判断・推論といった幾つかの要素が含まれた知的機能を指します。例えば授業中に先生が口頭で次のような問題を出したとします。

　「Aさんはアメを10個もっていました。4個あげると、Aさんは今、アメを何個もっているでしょうか？」

　まず先生の話に**注意**を向ける必要があります。ノートにお絵描きをしていては問題が出されたこと自体に気がつきません。そして先生に注意を向けたとしても、先生の話したことをしっかり聞きとって**知覚**し、個数を忘れないように**記憶**しなければいけません。

　また、先生の話した問題の**言語理解**も必要です。次に、ここから答えを考えていくわけですが、暗算するためには他に考え事などせず**注意・集中**する必要があります。好きなゲームのことを考えていては暗算ができません。最後に大切なのが、上記の問題では次の2通りの解釈ができます。

　「Aさんはだれかにアメを4個あげたのか？」
　「Aさんはだれかからアメを4個もらったのか？」

　ですので、ここで先生はどちらを意図しているのか**判断・推論**する必要があります。

　以上から先生が口頭で出した問題を解くためには認知機能のすべての力が必要となります。もし、その中の一つでも弱さがあれば問題を解くことができないのです。認知機能は学習に必須の働きであり**学習につまずきを抱える子どもは認知機能の働きのどこかに、または複数に弱さをもっている**のです。

　認知機能は学習面だけでなく、人に興味を向ける、人の気持ちを考える、人と会話をするなどのコミュニケーション力や、自分で考えて行動する、さまざまな困った問題に対処するなどの問題解決力といった子どもの学校生活にとって必要な力でもあり、**認知機能の弱さは、対人スキルの乏しさにもつながる**のです。

　　　認知機能の弱さ　≒　学習のつまずき、対人スキルの乏しさ

　一方で、現在の学校教育では学科教育が主で、その土台となっている認知機能へのアプローチがほとんどなされていないのが現状です。それに対処すべく開発されたのが認知機能強化トレーニングである**コグトレ**です。この「漢字コグトレ」はこれらコグトレ理論に基づき、漢字力を高めながら同時に学習で困らないための認知機能を高めるように構成されています。

　なお、本書は学習に必要な認知機能を高めていくことを一番の目的としています。そのため漢字の習得自体が不安な場合は先に通常の漢字練習を行ってから本書を使用するとより効果的です。もちろん漢字練習が苦手なお子様が先に本書を使って漢字に慣れたり、漢字への抵抗感を減らしたりすることも可能ですし、漢字練習だけでは物足りないお子様にも十分な手応えがあるでしょう。本書をお使いになることで、困っているお子様はもちろんのこと、さらに学力の向上を望んでおられるお子様にお役に立てることを願っております。

立命館大学教授　児童精神科医・医学博士　宮口幸治

目　次

漢字コグトレとは？

　これまで、コグトレは主に認知機能の弱さがあり学習でつまずきをもつ子どもたちに使われてきました。

　しかし学校では教科指導で精一杯のために学習の一環として取り組ませる時間もなく、トレーニングのための時間がせいぜい朝の会の１日５分しか取れない、個別に課題をやらせるしかない、といった声を多数いただいてきました。

　そこで授業科目（特に国語）の中で学習教材の一つとしてクラス全体で使えるように考えだされたのがこの漢字を利用した漢字コグトレです。

■ どのようなトレーニングか？

　漢字の習得はとても大切です。しかし現在の主な漢字ドリルは漢字の習得だけを目的としているため、時間をかけているにもかかわらず、決して効率がよいとは言えません。そこで漢字の練習をしながら、かつはじめに述べた学習に欠かせない認知機能もトレーニングしていくことで、漢字力の向上は当然のこと、認知機能も同時に向上させることができるようにつくられています。

■ 具体的には？

　認知機能（記憶、知覚、注意、言語理解、判断・推論）に対応した「覚える」「数える」「写す」「見つける」「想像する」といった５つのワークから構成され、中学生用では合計152課題からなります。

　ワークは認知機能だけを直接的にトレーニングするためのテキスト「コグトレ　みる・きく・想像するための認知機能強化トレーニング」（三輪書店）をもとに、図形を漢字に置き換えるなど漢字に特化して再構成されています。また平仮名でもよい解答を漢字で書かせるなど、漢字の知識が問われる課題もありますので、学習の進んでいる子どもや大人の方でも十分にやりがいのあるワークとなっています。

　一方、本書が難しい子どもには「コグトレ　みる・きく・想像するための認知機能強化トレーニング」「やさしいコグトレ　認知機能強化トレーニング」（いずれも三輪書店）も併用することをおすすめします。

ワークシートの使用方法

　本トレーニングは「覚える」「数える」「写す」「見つける」「想像する」の5つのワークから構成されています（全152課題：ワークシート一覧表）。

　本書にすべて取り組むと、中学校3年間で習得すべき全漢字（1,110字）を1回ずつ以上確認練習できるよう配置されています。課題は次の3つタイプからなります。

　①漢字が未習得でも取り組むことができる課題（表の〇）

　②漢字でなく平仮名やカタカナで書いても効果のある課題（表の△）

　③漢字を習得しないと困難な課題（表の◎）

　①は、いつ始めても問題ありません。

　②は、本来は漢字を習得してから取り組む問題ですが、未習得でも認知機能強化トレーニングとして効果が期待される課題です。漢字習得後にも繰り返して実施すると一層の効果が期待されます。

　③は漢字の習得そのものが必要な課題ですのでトレーニングの最後に実施した方がいいでしょう。

　なお、このトレーニングは「コグトレ　みる、きく、想像するための認知機能強化トレーニング」（三輪書店）をベースにつくられていますので、漢字以前に認知機能強化のトレーニングにもっと時間をかけて行いたい場合はそちらも並行してお使い下さい。

　以下、5つのワークについて主に認知機能面から概要を説明します。いずれも漢字の学習を兼ねていることは言うまでもありません。

■ ①覚える

　授業中の先生の話、人の話を注意・集中してしっかり聞いて覚える力を養っていきます。

最初とポン

　出題者が3つの文章を読み上げ、子どもがそれぞれ最初の単語だけ覚えます。ただし、文章中に動物の名前が出たときには手を叩いてもらいます。そして覚えた単語を漢字に直してノートやプリントに書きます。手を叩くという干渉課題を入れることで、より集中し聞いて覚える必要が生じます。これにより聴覚ワーキングメモリをトレーニングします。

最後とポン

　一連の3セットの単語を読み上げ、最後の単語だけを記憶します。ここでは、色の名前が出たときにだけ手を叩いてもらいます。そして覚えた単語を漢字に直して解答用紙に書きます。

正しいのはどっち？

　「多い・少ない」などの比較や、文脈から判断する二者択一問題を読み上げ、正しいのはどちらかを考えさせる課題です。そして答えを漢字で解答用紙に書きます。選択肢を覚えておきながら文章を聞き取り考える力をつけていきます。

■ ②数える

　数感覚や注意・集中力、早く処理する力、計画力を養っていきます。

漢字数え

　ある決まった漢字の数を数えながら漢字にチェックをします。注意深く正確に数えることで集中力や自分で時間管理をすることで自己管理力をつけます。

漢字算

　簡単な計算問題とセットになった文章があります。その中にある言葉を漢字に直し、計算の答えと一緒に記憶し、計算の回答欄に対応する漢字を書きます。短期記憶の力や転記ミスを減らす力を養います。

さがし算

　たて、よこ、ななめで隣り合った３つの漢数字の中で、足して指定の数になるものを〇で囲みます。答えを効率よく探すことで、ものを数える際に必要な処理するスピード、計画力を向上させます。

■ ③写す

　漢字の基礎ともなる形を正確に認識する力を養います。

点つなぎ

　見本の漢字を見ながら、下の枠に直線を追加して見本の漢字と同じになるように完成させます。基本的な図形の認識や漢字を覚えるための基礎的な力を養います。

くるくる漢字

　上にある回転した漢字を見ながら、下に正しい方向に直して写します。点つなぎと異なるのは、下の枠が左右に少しずつ回転しているところです。角度が変わっても同じ形であることを認識する力、位置関係を考えながら写す論理的思考、心的回転の力を養います。

鏡・水面漢字

　鏡と水面に逆向きに映った漢字を見て、正しい漢字に書き直してもらいます。鏡像や水面像を理解する力、位置関係を理解する力、想像しながら正確に写す力を養います。

■ ④見つける

　視覚情報を整理する力を養います。

漢字さがし

　不規則に並んだ点群の中から提示された漢字を構成する配列を探して線で結びます。黒板を写したりする際に必要な形の恒常性の力を養います。

かさなり漢字

　提示された漢字をつくるのに使われない部品を複数の中から一つ選びます。あるまとまった形の中から一部の形を抽出していくことで、形の構成を理解する力など図形思考を養います。

違いはどこ？

　2枚の絵の違いを見つけていきます。2枚の絵の違いを考えることで、視覚情報の共通点や相違点を把握する力や観察力を養います。

同じ絵はどれ？

　複数の絵の中からまったく同じ絵を2枚見つけます。複数の絵の中から2枚の同じ絵を効率よく見つけ出すことで、全体を見ながら視覚情報の共通点や相違点を把握する力や観察力、計画力を養います。

回転漢字

　左右にバラバラに回転して並べられた漢字の部品を線でつないで正しい漢字を作り書きます。形を頭の中で回転させ、正しい組み合わせを見つけていくことで図形の方向弁別や方向の類同視の力を養っていきます。

■ ⑤想像する

　見えないものを想像する力を養います。

スタンプ漢字

　提示されたスタンプを紙に押したとき、どのような模様になるかを想像します。ある視覚情報から他の情報を想像するというトレーニングを通して、見えないものを想像する力や論理性を養います。

心で回転

　自分から見える机の上に置かれた漢字は、周りからはどう見えるかを想像します。対象物を違った方向から見たらどう見えるかを想像することで心的回転の力や相手の立場になって考える力を養います。

順位決定戦

　いくつかの熟語がかけっこをしています。複数の表彰台の順位から判断して熟語たちの総合順位を考えていきます。複数の関係性を比較して記憶し、理解する力を養います。

物語づくり

　提示された単語を使って自由に短い物語をつくってもらいます。出来たらその物語にタイトルをつけます。単語といった断片的な情報から全体を想像する力やストーリーを想像しながら文章を作成する力を養います。

ワークシートの使用例

　トレーニングは5つのワーク（覚える、数える、写す、見つける、想像する）からなります。1回5分、週5日間行えば32週間（1学期12週、2学期12週、3学期8週）ですべて終了できるようつくられています。

　このスケジュールに沿った進め方のモデルを紹介します。時間に制限があれば、5つのワークをどれか組み合わせて実施するなど適宜調整してください。以下の①～⑤の5つのトレーニングを合わせると合計152回あります。

■ ①覚える

（1回/週×32週間＝32回）

　週1回「最初とポン（12回）」、「最後とポン（12回）」の順で実施し、終了すれば「正しいのはどっち？（8回）」を実施します。

■ ②数える

（1回/週×32週間＝32回）

　週1回「漢字数え（12回）」「漢字算（12回）」「さがし算（8回)」の順で実施します。

■ ③写す

（1回/週×24週間＝24回）

　週1回「点つなぎ（8回）」「くるくる漢字（8回）」「鏡・水面漢字（8回)」の順で実施します。ここだけ24回です。

■ ④見つける

（1回/週×32週間＝32回）

　週1回「漢字さがし（8回）」「かさなり漢字（8回)」「違いはどこ？（4回)」「同じ絵はどれ？（4回)」「回転漢字（8回)」の順で実施します。

■ ⑤想像する

（1回/週×32週間＝32回）

　週1回「スタンプ漢字（8回)」「心で回転（8回)」「順位決定戦（8回)」「物語づくり（8回)」の順で実施します。

以下に、本トレーニングの具体的なモデル使用例を示しておりますのでご参考ください。

■ モデル使用例1：（朝の会の1日5分を使うケース）

ある1週間について、以下のように進めていきます。例えば、

月曜日：「覚える」の「最初とポン」を5分

火曜日：「数える」の「漢字数え」を5分

水曜日：「写す」の「点つなぎ」を5分

木曜日：「見つける」の「漢字さがし」を5分

金曜日：「想像する」の「スタンプ漢字」を5分

で実施すれば1年間（週5日、32週）ですべての課題が終了します。「覚える」は漢字が未習得であれば平仮名やカタカナで書いて問題ありません。

■ モデル使用例2：（週1回だけ朝の会で行い、あとは宿題とするケース）

「覚える」だけ週1回、朝の会などで実施し（計32週）、残りは学校での宿題プリントの裏面に印刷して実施（120枚）します。

週に4枚取り組むと30週で終了します。「覚える」は漢字が未習得でも平仮名やカタカナで書いて問題ありません。

■ モデル使用例3：（国語の授業で漢字の練習として使うケース）

漢字習得の確認テストの一環として国語の授業中に実施します。

年間140時間（中学1、2年生）ある国語の授業中に1～2回ずつ実施すれば終えることができます。

■ モデル使用例4：（保護者と一緒に自宅で使うケース）

ご家庭で、「覚える」の課題のみ読み上げ、残りのワーク（漢字が未習得でも取り組むことができる課題（表の〇）から始めます）は印刷してお子さん自身でやってもらいましょう。

答え合わせは一緒にみて確認してあげましょう。間違っていれば、間違っていることだけを伝えどこが間違えているのかを考えてもらうとより効果的です。「覚える」は漢字が未習得でも平仮名やカタカナで書いて問題ありません。

ワークシート一覧

中学校　漢字配当：1,110字

5つのトレーニング	小項目	課題のタイプ	ワーク番号	ワークシート数
覚える	最初とポン	△	1〜12	12
	最後とポン	△	1〜12	12
	正しいのはどっち？	△	1〜8	8
数える	漢字数え	○	1〜12	12
	漢字算	△	1〜12	12
	さがし算	○	1〜8	8
写す	点つなぎ	○	1〜8	8
	くるくる漢字	○	1〜8	8
	鏡・水面漢字	○	1〜8	8
見つける	漢字さがし	○	1〜8	8
	かさなり漢字	○	1〜8	8
	違いはどこ？	○	1〜4	4
	同じ絵はどれ？	○	1〜4	4
	回転漢字	◎	1〜8	8
想像する	スタンプ漢字	○	1〜8	8
	心で回転	○	1〜8	8
	順位決定戦	△	1〜8	8
	物語づくり	△	1〜8	8

課題のタイプ：○：未習得でも可能な課題、△：平仮名、カタカナでも効果あり、◎：習得しないと困難

頻度（回／週）	期間（週）	施行学期	備　　考
1		1	最初の漢字を覚えて書く（3文条件）
1	32	2	最後の漢字を覚えて書く（3セット条件）
1		3	問題文を聞き、答えを漢字で書く
1		1、2	ある漢字だけを数える
1	32	2	計算の答えを漢字に置き換える
1		3	足して指定の数になる組み合わせを探す
1		1	点をつないで上の漢字を下に写す
1	24	1、2	回転した漢字を下に写す
1		2	鏡・水面に映った漢字を正しく写す
1		1	点群の中から漢字を見つける
1		1、2	漢字を構成する部品を見つける
1	32	2	2枚の絵から違いを見つける
1		2	複数の絵から同じ絵を2枚見つける
1		3	回転させた漢字の部品から漢字を見つける
1		1	スタンプ面から正しい漢字を想像する
1	32	1、2	相手側から見た漢字を想像する
1		2	正しい順位を想像して熟語で書く
1		3	漢字を使って物語をつくる

1 覚える

最初とポン、最後とポン、正しいのはどっち？

●子どもにつけて欲しい力

授業中の先生の話、人の話を注意・集中してしっかり聞く力をつけます。

●進め方

1回につき最初とポン、最後とポンの順で3題ずつ進めていきます（計24回分）。最後に正しいのはどっち？を2題ずつ進めていきます（計8回分）。

最初とポン：短い文章を3つ読みます。そのうち、それぞれの文章の最初の単語だけを覚え、ノートやプリントに漢字で書いてもらいます。ただし、文章の途中で動物の名前（右の例の下線）が出たときは手を叩いてもらいます。答えは右の例の太文字の漢字です。

最後とポン：一連の単語を3セットずつ読みあげます。それぞれのセットの最後の単語を覚え、ノートやプリントに漢字で書いてもらいます。ただし、途中で色の名前が出たときは手を叩いてもらいます。答えは右の例の太文字の漢字です。

正しいのはどっち？：問題を読み上げ、質問について考えてもらい答えの漢字をノートやプリントに書いてもらいます。

●ポイント

・まだ漢字が書けなければ平仮名やカタカナで答えても問題ありません。

・手を叩く代わりに目を閉じて手を挙げてもらうのもいいでしょう。

・文章や漢字セットを読み上げるときは「1つ目」「2つ目」と言ってあげましょう。

・「最後とポン」ではどこで終わるかは伝えませんので特に集中して聞いてもらいましょう。

・「正しいのはどっち？」では子どものレベルに応じて何度か読んであげるなど、調整しましょう。

●留意点

「最初とポン」「最後とポン」は難しければ2つずつ（2文、2セット）に減らすなど調整してもいいでしょう。「正しいのはどっち？」は答えを示しても分かりにくければ黒板に図示するなどして説明してあげましょう。

例

最初とポン 1 動物の名前が出たら手を叩きます

1
嵐が来る前に、イヌの散歩に行きました。
芋掘りをしていると、ミミズが出てきました。
影響力のある人が、会議で発言しました。

2
炎症ができたので、病院に行きました。
宴会で、サルの鳴き真似をしました。
煙突の上に、トリがいました。

3
握り拳くらいの大きさのネコを拾いました。
艶かな女性がイヌを連れて歩いていました。
扱い方を誤ると、ケガをします。

最後とポン 1 色の名前が出たら手を叩きます

1
盗む、激怒、赤、汗
緑、岬、襲う
爪、青、逃げる、銃声

2
白、渋い
釣り、扉、黒、野獣
疲れ、銀、学習塾

3
悩む、黒、肘、瞬き
紫、潤い
白、占う、赤、巡る旅

正しいのはどっち？ 1

1
「雷」と「竜巻」は、発達した積乱雲によって起こる激しい天候です。強い風により建物などに大きな影響を与えるのはどちらでしょうか？
（答え　竜巻）

2
出来立ての「拉麺」と焼き立ての「餅」があります。時間が経つと伸びるのはどちらでしょうか？
（答え　拉麺）

最初とポン **1** 動物の名前が出たら手を叩きます

1
嵐が来る前に、イヌの散歩に行きました。
芋掘りをしていると、ミミズが出てきました。
影響力のある人が、会議で発言しました。

2
炎症になったので、病院に行きました。
宴会で、サルの鳴き真似をしました。
煙突の上に、トリがいました。

3
握り拳くらいの大きさのネコを拾いました。
艶かな女性がイヌを連れて歩いていました。
扱い方を誤ると、ケガをします。

最初とポン **2** 動物の名前が出たら手を叩きます

1
偉い人が趣味でメダカを飼い始めました。
克服するために、夏休みに毎日学校のプールに通いました。
違う方向に、トリが飛び立って行きました。

2
隠れていると、隣にネコがやってきました。
鋭い目付きをしたカラスと目が合いました。
越前の国にはかつて戦国武将がいました。

3
汚かったので、水槽を掃除するとおサカナは喜びました。
押入れを掃除していると、なくしていたクマのぬいぐるみを見つけました。
奥の山からオオカミの鳴き声が聞こえてきました。

最初とポン 3 動物の名前が出たら手を叩きます

1
穏やかな天気の日に飼っていたハムスターが亡くなりました。
華やかな服装をした女性が公園で男性とお話ししていました。
暇だったので、イヌとドッグランに行きました。

2
靴を玄関で履いていると、ネコがすり寄ってきました。
掘った穴からミミズが出て来ました。
瓦の屋根を見ていると、上からトリの鳴き声が聞こえてきました。

3
怪しい人がいたので、散歩中のイヌと一緒に逃げました。
皆既日食が起こったので、外で家族と見ました。
壊れたおもちゃを前にネコが悲しげな顔をしていました。

最初とポン 4 動物の名前が出たら手を叩きます

1
懐かしい話をしていると、昔飼っていたカメのことを思い出しました。
崖の上で、オオカミが月に向かって吠えていました。
蓋のあるバケツの中にネコの赤ちゃんが迷い込んでいました。

2
柿の木に 2 匹のサルが登っています。
獲ったウニをその場で食べました。
滑り台の上に、バッタがとまっていました。

3
釜でご飯を炊いていると、匂いに釣られてタヌキが寄ってきました。
刈った野原の上で休んでいると、目の前をキツネが横切りました。
甘いお菓子を夏休みに妹と一緒に作りました。

最初とポン 5 ▸ 動物の名前が出たら手を叩きます

1
斑点模様のカバンをデパートで買いました。
缶詰を開ける音にスズメがびっくりして飛んで行きました。
冠位十二階について授業を受けていると、教室にハチが入ってきました。

2
乾いたかどうか、洗濯物を確認していると、タオルにセミが止まっていました。
勘違いでお父さんに怒ってしまったので、イヌと一緒に謝りに部屋へ行きました。
含み笑いを浮かべながら、友だちの話を聞いています。

3
祈りを神に捧げていると、コトリのさえずりが聞こえてきました。
飢餓に苦しむ子どもたちを救うために寄付をしました。
鬼を退治しに、サルが動き始めました。

最初とポン 6 ▸ 動物の名前が出たら手を叩きます

1
輝く瞳をした男の子の視線の先にはキリンがいました。
韓国に冬休みに家族で旅行に行く予定です。
菊の花の蜜を求めてアゲハチョウが飛んできました。

2
丘陵にお父さんとお母さんと妹とイヌと私でピクニックに行きました。
嗅覚が人間よりも優れた動物はたくさんいます。
狭いところにネコが入り込んでしまいました。

3
挟まった身体がなかなか抜けません。
恐怖のあまり、クマの前から逃げられませんでした。
響く場所でイヌが吠えたので、とてもうるさかったです。

18

最初とポン **7** 動物の名前が出たら手を叩きます

1
菌を打ち込んで、椎茸が生えてくるのを待ちます。
恋敵に向かって、オスのサルたちは喧嘩しました。
漏れなく全てのイルカたちが餌を貰うことができました。

2
籠の中に、ネコの赤ちゃんが3匹入っていました。
脇の下をイヌがくぐり抜けて行きました。
腕力を付けるために、ジムに通って筋トレをしています。

3
狂いそうになる程暑い日なので、イヌを家の中に入れました。
迎えにお母さんが来てくれたので、雨に濡れずに家に帰ることができました。
巾着を作っていると、ネコが寄ってきました。

最初とポン **8** 動物の名前が出たら手を叩きます

1
隙間にネコが入り込んでしまい、出られなくなりました。
撃ち落としたカモを拾いに向かいました。
呪われていると言われている神社に友達と肝試しに行きました。

2
剣道を習いに弟が道場に通い始めました。
挙動不審な人がスズメを見つめていました。
嫌いな動物はヘビであると自己紹介で発表しました。

3
賢いイヌは盲導犬になることができます。
幻のサカナを求めて漁に出ました。
琴を弾けるようになるために、姉と一緒に教室に通い始めました。

最初とポン 9 ▸ 動物の名前が出たら手を叩きます

1
頻繁に庭にネコがやって来るようになりました。
枯れ葉の下にダンゴムシが隠れていました。
雇用主は良い人材を求めて面接をします。

2
誇らしげに息子の話をしました。
喉をゴロゴロ鳴らしてネコが甘えてきました。
溝に落ちてしまったスズメを動物病院に連れて行きました。

3
硬いパンを買いにパン屋さんへ行きました。
酷い虐待を受けていたイヌを助けました。
痕が残ってしまうほど強くカラスに突かれました。

最初とポン 10 ▸ 動物の名前が出たら手を叩きます

1
恨みを買ってしまい、イヌをけしかけられました。
鎖を父とホームセンターに買いに行きました。
歳月が経ち、ハムスターの死を受け入れられるようになりました。

2
削り節をネコが美味しそうに食べました。
柵を畑に立てて、イノシシが入ってこられないようにしました。
酢を健康のために飲み始めました。

3
搾乳をするために早起きをしました。
咲いた桜を観にイヌと公園に行きました。
撮ったワシの写真をお母さんに見せました。

最初とポン 11 ▶ 動物の名前が出たら手を叩きます

1
傘をさして雨の中イヌの散歩に行きました。
斬られ役で映画に出演しました。
紫色の毛布の上でネコが寝ていました。

2
雄のシカは大きな角を持っています。
餌を求めてハトが足元にやって来ました。
叱られた弟は学校の宿題をようやく始めました。

3
湿度が高いので気温以上に暑く感じます。
網にかかってしまったイルカを逃しました。
斜めになった板の上に、アリが連なっています。

最初とポン 12 ▶ 動物の名前が出たら手を叩きます

1
煮物を母が実家から送って来てくれました。
寂しいと死んでしまうウサギの話を聞いて泣きました。
臭いスカンクのおならの臭いが服について取れません。

2
袖にハトのフンが落ちて来ました。
遮音性の高い部屋で妹がピアノの練習をしています。
醜いアヒルの子の絵本を娘に読み聞かせました。

3
狩をするために、狩猟銃を持って森に出かけました。
蹴ったボールをイヌが追いかけて行きました。
肩の上にトンボが止まりに来ました。

1
盗む、激怒、赤、汗
緑、岬、**襲う**
爪、青、逃げる、**銃声**

2
白、渋い
釣り、扉、黒、**野獣**
疲れ、銀、**学習塾**

3
悩む、黒、肘、**瞬き**
紫、**潤い**
白、占う、赤、**巡る旅**

1
髪、黄色、床
脱出、紫、紺、**上昇**
緑、**沼**

2
掌、畔、黒、**焦る**
青、髪の毛、**償う**
嘆く、赤、遅刻、**憧れ**

3
白、**丈夫**
遭遇、赤、青、**畳**
豚、茶色、鍋、黒、**譲る**

最後とポン **3** 色の名前が出たら手を叩きます

1
鶴、白、**拭う**
青、緑、添付、**飾る**
黄色、**触る**

2
謎、粘土、銀、**伸縮**
赤、誓う、**辛い**
黒、**振動**

3
青、喉、**寝汗**
白、**震える**
捜査、紫、薪割り、**稲作**

最後とポン **4** 色の名前が出たら手を叩きます

1
悔しい、赤、炊く、**爪切り**
旬、黄色、**唾**
白、緑、**諦める**

2
掃除、羨む、青、峠、**桃**
痩せる、白、**城跡**
赤、**瞳**

3
跳躍、緑、**寺の鐘**
黒、**耐える**
白、潜水、塔、**騒音**

23

最後とポン **5** 色の名前が出たら手を叩きます

1
塗装、紫、**薄い**
白、履修、**泥**
吐露、苗、青、**袋**

2
赤、**滝**
遂行、茶色、**沈む**
婿、黒、姓名、**筒**

3
赤、**踏む**
怠惰、白、青、**溺れる**
摘む、盗聴、緑、**棚**

最後とポン **6** 色の名前が出たら手を叩きます

1
粗末、黒、抜粋、**殿様**
淡い、赤、**鍛える**
白、緑、**爽やか**

2
扇子、紫、**冷凍**
誰、緑、端っこ、**奪う**
黄色、**摂取**

3
醸す、青、**譜面**
黒、**渡す**
滴る、白、**丁寧**

最後とポン **7** 色の名前が出たら手を叩きます

1
緑、跳躍、**貼り付け**
超越、白、**免許**
福祉、赤、青、**微妙**

2
芳醇、洪水、黒、**年齢**
銀、**癒し**
黄色、愚か、**囲碁**

3
白、**魂**
赤、屯田兵、青、**素朴**
虜、黒、**錯覚**

最後とポン **8** 色の名前が出たら手を叩きます

1
邦画、赤、**倒立**
緑、**表彰**
衝撃、初詣、青、**盲導犬**

2
進捗、黒、白、**一般**
黄色、欠乏、**冗談**
紫、**貢献**

3
懸念、緑、**仰天**
白、**報酬**
励ます、赤、黒、**叫ぶ**

最後とポン 9 色の名前が出たら手を叩きます

1
託す、紫、赤、**愉快**
媒体、青、**矛盾**
白、黒、感銘、**実況**

2
緑、**唯一**
惜しい、添乗員、黒、**被害**
書斎、茶色、**妄想**

3
哀愁、赤、**貪欲**
白、解剖、**倫理**
劣等感、飽きる、紫、**暗闇**

最後とポン 10 色の名前が出たら手を叩きます

1
青、**頑張る**
交換、黒、赤、**裕福**
白、緑、**環境**

2
基盤、紫、**巨大**
赤、執筆、青、**屈伸**
布巾、黒、**監督**

3
白、**比較**
濁点、緑、茶色、**柔軟**
贈呈、赤、**秩序**

最後とポン **11** 色の名前が出たら手を叩きます

1
名誉、青、赤、**僧侶**
黒、**頼る**
緑、娯楽、**哺乳類**

2
紳士、白、**阻止**
紫、**了解**
赤、刹那、**項目**

3
郊外、黒、緑、**茂み**
妥協、白、**開催**
赤、**披露**

最後とポン **12** 色の名前が出たら手を叩きます

1
親睦、青、**缶詰**
茶色、叔父、銀、**即座**
赤、**脅威**

2
白、傍ら、**抽出**
緑、**偽物**
記載、黒、曇り、**東京湾**

3
川柳、瑠璃、紫、**猛烈**
控える、黄色、**遣唐使**
青、偏り、**繁殖**

正しいのはどっち？ 1

1 「雷」と「竜巻」は、発達した積乱雲によって起こる激しい天候です。強い風により建物などに大きな影響を与えるのはどちらでしょうか？

（答え　竜巻）

2 出来立ての「拉麺」と焼き立ての「餅」があります。時間が経つと伸びるのはどちらでしょうか？

（答え　拉麺）

正しいのはどっち？ 2

1 私から見て「猫」のすぐ右横には花壇があり、花壇と私の間には「塀」があります。花壇の左横にはなにがあるでしょうか？

（答え　猫）

2 「睡眠」と「横幅」はどちらも"とる"ものです。目を閉じてとるのはどちらでしょうか？

（答え　睡眠）

正しいのはどっち？ 3

1 「浮き輪」と「風鈴」にはどちらも穴が空いています。穴に人が入れるのはどちらでしょうか？
（答え　浮き輪）

2 蜂は花から蜜を集めて巣に帰ります。花に集まってくるのは「蜂」と「蜜」のどちらでしょうか？
（答え　蜂）

正しいのはどっち？ 4

1 「壁」に向かって「豆腐」を思いっきり投げました。壊れたのは「壁」と「豆腐」のどちらでしょうか？
（答え　豆腐）

2 水ヨーヨーは手から離したり手の中に戻したりして遊ぶおもちゃです。ゴムが縮んでいるとき、水ヨーヨーは手から「離れている」か、手に「戻っている」か、どちらでしょうか？
（答え　戻っている）

正しいのはどっち？ 5

1 朝起きると髪には「寝癖」がついており、「枕」がベッドの下に落ちています。水でなおすことができるのは「寝癖」と「枕」のどちらでしょうか？

（答え　寝癖）

2 「泡」と「霧」は、どちらもきめ細かいものです。地上でカニが呼吸できなくなったときに吹くのはどちらでしょうか？

（答え　泡）

正しいのはどっち？ 6

1 「ご褒美」と「お誘い」は、どちらももらうと嬉しいものです。成績が良いともらえるのはどちらでしょうか？

（答え　ご褒美）

2 漢字の「墨汁」と「黙る」には、"黒" という漢字が含まれています。本当に黒いのはどちらの漢字でしょうか？

（答え　墨汁）

正しいのはどっち？ 7

1 「棺桶」と「缶詰」があります。収穫されたミカンが入れられるのはどちらでしょうか？
（答え　缶詰）

2 「魅力」と「恐怖」はどちらも人が感じるものです。一般的に、鳥肌が立つときはどちらを感じているでしょうか？
（答え　恐怖）

正しいのはどっち？ 8

1 私たちは、首を縦や横に振るなどのジェスチャーを使って気持ちを表現します。首を縦に振ったとき、「肯定」と「抵抗」のどちらを表しているでしょうか？
（答え　肯定）

2 「津波」や「土砂崩れ」は、地震の発生時に起こりやすい災害です。高台に避難するように指示が出ているとき、一般的にどちらが起こっているでしょうか？
（答え　津波）

3 「箸」と「下駄」は2つで1組の道具です。片手で使うことができるのはどちらでしょうか？
（答え　箸）

2 数える

漢字数え

●子どもにつけて欲しい力

課題を速く処理する力、注意・集中力、自己を管理する力を養います。

●進め方

- まず「目標」タイムを書きます。スタートの合図で提示された漢字（右の例では「環」）の数を数えながら、できるだけ早く「環」に ✓ をつけてもらいます。数え終わったら、個数を右下の欄に記入し挙手させ、時間を伝えます。時間は「今回」の欄に時間を記入します。全員が終了したら正解数を伝えます。時間の上限は 5 分とします。
- 漢字数えの後半「⑦〜⑫」は、単に対象の漢字を数えるだけでなく、対象の漢字の左隣に色を表す漢字（例えば、赤、白など）があるときは数えず、✓ もつけてはいけない課題（ブレーキをかける練習）になっています。

●ポイント

- ここでは、処理するスピードを上げる以上に、課題に慎重に取り組む力をつけることを目的としています。漢字の数が間違っていたら、どこが間違っていたか確認させましょう。
- 目標時間を設定し、その目標と比べ結果がどうであったかを確認することで、自己管理する力を養います。子どもが自分の能力に比べ早い目標時間や、遅い目標時間を立てた場合、終わった後に理由・感想を聞いてみましょう。

●留意点

- 最初に全て漢字にチェックして後から数えるのではなく、漢字の数を数えながらチェックすることに注意しましょう。数を記憶しながら他の作業を行うことでワーキングメモリ（一時記憶）の向上を意図しています。
- スピードが早いことよりも、個数を正確に数えること、目標時間に近い方がいいことを伝えます。ただ漢字の数が正解でなくても、目標の時間に近ければ褒めてあげましょう。そのことでスピードの遅い子への配慮もできます。

例

漢字数え　1

「環」という漢字の数を数えながら、できるだけ早く「環」に✓を付けましょう。数えたら、その数を下に書きましょう。

喝　餓　岳　随　棄　侵　媒　循　狭　訐　庸　楼　礁　呉
核　浪　環✓　賄　股　頑　虐　鯨　環✓　愁　栓　吟　偽　慌
迅　斗　秩　傍　殖　澄　環✓　弔　控　銘　坪　耗　繭　環✓
娯　是　拙　抽　託　環✓　環✓　附　唯　泰　環✓　祉　伺　瞑
丹　披　偵　璧　拓　洪　篤　貪　駒　胎　硫　躍　蚊　紳
環✓　撲　拉　毀　貢　騎　獲　渦　還✓　据　采　椎　寧　軟
勾　巨　僅　鶏　闇　環✓　舟　凹　霜　環✓　胞　併　環✓　舞
陣　替　免　又　環✓　慄　隆　排　禅　贈　壇　緻　棋　環✓
環✓　雅　睦　帆　桑　訟　執　賓　阻　佳　酬　威　璃　懸
旺　緯　桟　漆　環✓　肖　環✓　朴　酌　苛　巧　遷　被　剰
棺　了　縛　環✓　房　綻　揚　齢　環　暦　倫　赦　彙　姻
旨　環✓　嬌　駒　環✓　享　朕　倒　謹　喚　尉　賭　墳　捕
斎　嘲　盲　環✓　倹　棟　呈　塔　環✓　羅　励　怨　乏　環✓
遣　慈　淑　賜　錮　環✓　逐　泌　舶　曇　妬　痢　環✓　劣

目標（　　分　　秒）　今回（　　分　　秒）

「環」　は全部で　25　個

漢字数え　1

「環」という漢字の数を数えながら、できるだけ早く「環」に✓を付けましょう。数えたら、その数を下に書きましょう。

喝	餓	岳	随	棄	侵	媒	循	狭	訃	庸	楼	礁	呉
核	浪	環	賄	股	頑	虐	鯨	環	愁	栓	吟	偽	慌
迅	斗	秩	傍	殖	澄	環	弔	控	銘	坪	耗	繭	環
娯	是	拙	抽	託	環	環	附	唯	泰	環	祉	伺	瞑
丹	披	偵	璧	拓	洪	篤	貪	駒	胎	硫	躍	蚊	紳
環	撲	拉	毀	貢	騎	獲	渦	還	据	采	椎	寧	軟
勾	巨	僅	鶏	闇	環	舟	凹	霜	環	胞	併	環	舞
陣	替	免	又	環	慄	隆	排	禅	贈	壇	緻	棋	環
環	雅	睦	帆	桑	訟	執	賓	阻	佳	酬	威	璃	懸
旺	緯	桟	漆	環	肖	環	朴	酌	苛	巧	遷	被	剰
棺	了	縛	環	房	綻	揚	齢	環	暦	倫	赦	彙	姻
旨	環	嬌	駒	環	享	朕	倒	謹	喚	尉	賭	墳	捕
斎	嘲	盲	環	倹	棟	呈	塔	環	羅	励	怨	乏	環
遣	慈	淑	賜	錮	環	逐	泌	舶	曇	妬	痢	環	劣

目標（　　分　　秒）　今回（　　分　　秒）

「環」は全部で [　　　] 個

漢字数え ▸2

「仰」という漢字の数を数えながら、できるだけ早く「仰」に✓を付けましょう。数えたら、その数を下に書きましょう。

喝	仰	岳	仰	棄	侵	仰	循	仰	訃	庸	楼	礁	仰
仰	浪	環	仰	股	頑	虐	仰	硝	愁	栓	仰	偽	慌
迅	斗	仰	傍	殖	澄	仰	弔	控	仰	坪	漸	仰	仰
娯	是	仰	抽	託	峡	雄	附	唯	泰	環	祉	伺	瞑
丹	仰	仰	璧	拓	洪	篤	貪	駒	仰	硫	躍	蚊	紳
仰	撲	拉	仰	貢	仰	獲	渦	還	仰	采	仰	仰	軟
勾	仰	仰	鶏	闇	湧	擬	凹	霜	悦	胞	併	懇	仰
陣	替	仰	又	逸	慄	隆	仰	禅	贈	仰	緻	棋	仰
彰	雅	睦	帆	桑	仰	執	賓	阻	佳	酬	威	耗	懸
旺	仰	桟	仰	妄	肖	欄	朴	酌	苛	巧	遷	被	剰
棺	了	縛	浦	仰	綻	揚	齢	仰	暦	倫	仰	彙	姻
旨	仰	嬌	仰	儒	享	朕	倒	仰	喚	尉	賭	仰	捕
仰	嘲	盲	厄	倹	棟	呈	塔	繕	羅	仰	怨	乏	崩
遣	慈	淑	仰	錮	詮	逐	泌	舶	曇	妬	痢	殴	仰

目標（　　分　　秒）　今回（　　分　　秒）

「仰」は全部で［　　　　　］個

漢字数え ・3

「遍」という漢字の数を数えながら、できるだけ早く「遍」に✓を付けましょう。数えたら、その数を下に書きましょう。

遍	怖	堕	随	棄	踊	媒	循	誉	訃	遍	与	礁	遍
核	遍	虞	賄	股	遍	虐	鯨	環	愁	栓	遍	遍	慌
迅	斗	秩	遍	殖	澄	盾	弔	控	銘	坪	陵	繭	箇
遍	是	拙	抽	託	渉	遍	附	唯	泰	遍	祉	伺	遍
丹	披	偵	璧	拓	洪	篤	貪	遍	遍	硫	躍	遍	紳
潰	撲	遍	毀	貢	騎	遍	渦	還	据	采	椎	寧	軟
勾	遍	僅	鶏	闇	涙	隣	粒	遍	劾	胞	併	遍	遍
陣	遍	免	又	遍	遍	隆	排	禅	贈	遍	緻	棋	概
遍	雅	睦	帆	桑	訟	執	遍	阻	佳	遍	威	錠	懸
旺	遍	遍	漆	妥	遍	升	朴	酌	苛	巧	遷	被	遍
棺	了	縛	与	遍	綻	揚	齢	衝	暦	倫	遍	彙	遍
遍	遍	矯	駒	該	享	朕	倒	遍	喚	尉	賭	墳	捕
斎	嘲	盲	較	遍	棟	呈	遍	掛	羅	励	遍	乏	括
遣	慈	淑	遍	錮	陥	逐	泌	舶	曇	妬	遍	嬢	劣

目標（　　分　　秒）　　今回（　　分　　秒）

「遍」は全部で〔　　　〕個

漢字数え　4

「麻」という漢字の数を数えながら、できるだけ早く「麻」に✓を付けましょう。数えたら、その数を下に書きましょう。

剖	餓	岳	随	棄	侵	媒	循	麻	訃	庸	楼	礁	麻
核	浪	粛	麻	股	頑	虐	鯨	叫	愁	栓	麻	麻	慌
麻	斗	麻	傍	殖	澄	宜	弔	麻	銘	坪	斥	繭	恣
娯	是	拙	抽	託	堪	換	麻	唯	泰	裕	祉	伺	瞑
丹	麻	偵	璧	拓	洪	篤	貪	駒	胎	硫	躍	麻	紳
監	撲	麻	貢	騎	獲	渦	麻	据	采	麻	寧	棺	勾
巨	僅	狂	闇	麻	舟	凹	麻	准	胞	併	麻	舞	麻
麻	免	又	詰	慄	隆	麻	麻	贈	壇	緻	棋	麻	伎
雅	睦	帆	桑	訟	執	賓	阻	佳	酬	威	耗	懸	旺
麻	桟	漆	鯨	肖	嚇	朴	麻	苛	巧	遷	被	麻	棺
了	麻	諧	房	綻	揚	麻	乏	暦	麻	赦	彙	姻	旨
軌	麻	麻	糾	享	朕	倒	謹	喚	尉	賭	墳	捕	麻
嘲	盲	却	倹	棟	麻	塔	拠	羅	励	麻	乏	朽	麻
慈	昧	賜	錮	麻	麻	泌	舶	曇	妬	麻	凶	麻	姻

目標（　　分　　　秒）　今回（　　分　　　秒）

「麻」　は全部で〔　　　　〕個

漢字数え　5

「愁」という漢字の数を数えながら、できるだけ早く「愁」に✓を付けましょう。数えたら、その数を下に書きましょう。

愁	餓	愁	随	棄	侵	媒	循	誉	愁	庸	楼	礁	愁
核	愁	況	賄	股	愁	虐	鯨	卑	愁	栓	愁	愁	慌
迅	斗	秩	傍	殖	澄	愁	弔	控	銘	愁	慎	繭	擦
娯	是	拙	抽	愁	暫	肢	附	唯	泰	凝	祉	伺	愁
丹	披	偵	璧	拓	洪	篤	貪	駒	胎	硫	躍	蚊	紳
巾	撲	拉	愁	貢	騎	獲	渦	還	愁	采	椎	寧	軟
愁	巨	僅	鶏	闇	愚	舟	凹	愁	喩	胞	愁	琴	舞
愁	替	免	又	屈	慄	隆	排	禅	贈	壇	緻	棋	愁
掘	雅	睦	帆	桑	訟	執	愁	阻	佳	愁	愁	須	懸
旺	緯	桟	漆	露	肖	愁	朴	酌	苛	巧	愁	被	剰
棺	了	縛	啓	房	愁	揚	愁	詣	暦	倫	赦	彙	愁
旨	憬	矯	駒	賢	享	朕	倒	愁	喚	尉	愁	墳	捕
斎	嘲	愁	愁	倹	棟	愁	塔	弧	羅	励	怨	愁	碁
愁	慈	淑	賜	錮	孔	逐	泌	舶	愁	妬	愁	江	劣

目標（　　分　　秒）　今回（　　分　　秒）

「愁」は全部で ［　　　　　］個

漢字数え　6

「羅」という漢字の数を数えながら、できるだけ早く「羅」に✓を付けましょう。数えたら、その数を下に書きましょう。

喝	餓	茂	随	羅	羅	媒	循	誉	羅	庸	楼	礁	呉
核	浪	羅	賄	股	頑	虐	鯨	拘	愁	栓	羅	偽	慌
羅	迅	斗	秩	傍	羅	澄	侯	弔	控	銘	坪	枢	繭
郊	娯	羅	拙	抽	託	恒	羅	附	羅	泰	項	祉	羅
瞑	丹	披	偵	璧	拓	洪	篤	貪	駒	胎	羅	羅	堀
紳	乞	撲	拉	毀	貢	騎	獲	渦	還	据	采	椎	寧
軟	勾	羅	僅	狂	闇	羅	舟	凹	霜	傲	羅	併	紺
舞	陣	替	免	羅	魂	慄	隆	排	禅	羅	壇	緻	棋
唆	羅	雅	睦	羅	桑	訟	羅	賓	阻	佳	酬	羅	逝
羅	旺	緯	桟	羅	宰	肖	環	朴	酌	苛	巧	羅	被
羅	棺	了	縛	羅	房	綻	璽	羅	錯	暦	羅	赦	彙
姻	旨	催	嬌	駒	羅	享	朕	羅	謹	羅	尉	賭	墳
捕	斎	嘲	盲	塞	羅	棟	呈	塔	載	羅	励	怨	乏
羅	遣	慈	淑	賜	錮	環	逐	泌	舶	羅	妬	痢	羅

目標（　　分　　秒）　今回（　　分　　秒）

「羅」　は全部で〔　　　　〕個

漢字数え　●7

「篤」という漢字の数を数えながら、できるだけ早く「篤」に✓を付けましょう。ただし、「篤」の左隣の漢字が色の名前の時は、✓を付けません。最後に✓の数を下に書きましょう。

遍	黄	篤	篤	青	侵	媒	循	篤	紫	遍	楼	篤	遍
核	遍	篤	賄	股	遍	青	篤	措	愁	緑	篤	遍	慌
篤	斗	秩	篤	殖	劣	篤	弔	控	銘	坪	挿	篤	即
載	是	拙	抽	託	喪	遍	附	唯	泰	遍	篤	伺	俗
丹	白	篤	璧	拓	洪	篤	黒	篤	遍	硫	白	遍	紳
僧	篤	遍	毀	貢	騎	遍	篤	濁	据	采	赤	篤	軟
勾	遍	僅	鶏	闇	篤	舟	凹	貞	勅	胞	併	遍	篤
陣	塡	免	又	黒	篤	隆	排	禅	黄	遍	緻	棋	嫡
遍	篤	青	帆	桑	訟	執	逓	篤	佳	遍	威	廷	懸
旺	篤	遍	篤	黄	遍	塚	朴	酌	苛	巧	白	篤	遍
棺	了	縛	篤	遍	綻	赤	齢	篤	暦	倫	遍	篤	篤
遍	篤	嬌	駒	鎮	緑	篤	倒	遍	喚	尉	篤	墳	篤
白	嘲	盲	赤	篤	棟	篤	遍	捗	羅	緑	篤	乏	黒
遣	篤	淑	遍	錮	篤	紫	泌	舶	赤	篤	妬	猶	劣

目標（　　分　　秒）　今回（　　分　　秒）

「✓」は全部で［　　　　］個

漢字数え ⬤8

「耗」という漢字の数を数えながら、できるだけ早く「耗」に✓を付けましょう。ただし、「耗」の左隣の漢字が色の名前の時は、✓を付けません。最後に✓の数を下に書きましょう。

耗	黄	悼	耗	赤	侵	耗	循	黒	耗	屯	楼	耗	白
核	尿	耗	黄	耗	那	青	篤	丙	愁	緑	耗	遍	慌
抱	耗	秩	弊	殖	澄	耗	耗	控	銘	坪	耗	赤	耗
般	耗	拙	抽	託	耗	奉	附	耗	泰	罵	紫	耗	遍
丹	白	篤	璧	拓	洪	陪	黒	篤	壱	硫	白	遍	紳
哺	耗	剥	毀	貢	騎	青	耗	頒	据	采	赤	篤	軟
勾	遍	耗	鶏	闇	紫	耗	耗	紛	煩	胞	併	遍	耗
陣	盤	免	耗	妃	愉	耗	排	禅	黒	俸	緻	耗	微
邦	矛	青	耗	耗	訟	執	芳	猛	佳	冶	白	耗	懸
旺	悠	耗	溶	黄	倣	耗	赤	酌	苛	巧	遷	緑	耗
棺	了	縛	耗	冥	綻	揚	齢	瘍	暦	倫	癒	耗	青
紡	頼	耗	駒	某	享	頰	倒	飽	喚	尉	沃	墳	裸
斎	耗	盲	赤	盆	黄	篤	奔	青	耗	緑	篤	乏	凡
遣	耗	淑	謀	錮	篤	耗	泌	耗	膜	妬	遍	耗	劣

目標（　　分　　秒）　今回（　　分　　秒）

「✓」　は全部で ［　　　　　］ 個

漢字数え　9

「剛」という漢字の数を数えながら、できるだけ早く「剛」に✓を付けましょう。ただし、「剛」の左隣の漢字が色の名前の時は、✓を付けません。最後に✓の数を下に書きましょう。

喝	刹	岳	剛	黄	剛	訃	循	侶	訃	剛	楼	礁	鎌
剛	浪	辣	湾	股	頑	虐	白	吏	剛	栓	緑	剛	慌
迅	斗	青	剛	殖	澄	弐	弔	控	赤	坪	廉	剛	仰
娯	是	仰	抽	託	柳	且	附	唯	泰	剛	祉	伺	瞑
黒	債	剛	璧	拓	洪	篤	貪	駒	白	硫	躍	蚊	剛
沙	剛	拉	青	貢	仰	剛	緑	還	黒	黄	剛	剛	軟
勾	白	剛	鶏	闇	紫	剛	凹	霜	瑠	胞	併	零	剛
陣	剛	轄	又	燥	慄	隆	仰	禅	贈	賂	剛	棋	赤
環	雅	睦	剛	桑	仰	執	賽	阻	佳	剛	威	耗	懸
旺	黄	剛	仰	剛	黒	剛	朴	酌	苛	巧	遷	被	剛
棺	了	縛	虜	紫	綻	揚	齢	汰	暦	倫	緑	彙	姻
剛	仰	嬌	剛	藻	享	剛	倒	梗	黒	尉	賭	黄	捕
仰	嘲	盲	糧	倹	棟	呈	塔	剛	羅	剛	剛	乏	厘
遣	慈	剛	剛	錮	剛	逐	泌	剛	曇	妨	赤	剛	撲

目標（　　分　　秒）　今回（　　分　　秒）

「✓」　は全部で　[　　　]　個

漢字数え　●10

「庸」という漢字の数を数えながら、できるだけ早く「庸」に✓を付けましょう。ただし、「庸」の左隣の漢字が色の名前の時は、✓を付けません。最後に✓の数を下に書きましょう。

庸	餓	白	随	棄	侵	媒	循	誉	赤	庸	楼	礁	庸
核	浪	烈	賄	股	庸	庸	紫	環	愁	黄	庸	庸	慌
迅	庸	秩	傍	殖	澄	環	弔	庸	銘	緑	耗	繭	環
娯	是	拙	庸	託	環	緑	附	唯	泰	黒	庸	伺	瞑
披	庸	庸	拓	洪	薦	貪	駒	胎	庸	躍	堀	紳	庸
撲	拉	毀	白	庸	獲	渦	覆	据	采	白	庸	庸	勾
巨	緑	庸	閣	庸	舟	凹	霜	摩	胞	併	環	舞	陣
替	免	庸	虎	庸	隆	排	禅	贈	壇	庸	白	輩	韓
雅	睦	庸	黒	庸	執	賽	阻	庸	酬	威	耗	懸	旺
緯	庸	漆	庸	肖	黒	庸	酌	苛	巧	遷	庸	庸	棺
了	縛	庸	庸	綻	庸	齢	庸	暦	倫	赤	庸	姻	旨
庸	嬌	駒	黒	庸	朕	倒	謹	喚	尉	庸	墳	捕	庸
緑	庸	環	倹	棟	呈	塔	庸	羅	庸	怨	乏	環	庸
慈	淑	賜	庸	環	逐	庸	舶	曇	妬	黒	庸	劣	擁

目標（　　分　　秒）　　今回（　　分　　秒）

「✓」は全部で〔　　　　〕個

漢字数え　11

「躍」という漢字の数を数えながら、できるだけ早く「躍」に✓を付けましょう。ただし、「躍」の左隣の漢字が色の名前の時は、✓を付けません。最後に✓の数を下に書きましょう。

躍	紫	岳	随	棄	侵	媒	循	誉	訃	白	躍	礁	躍
核	浪	環	賄	股	頑	虐	躍	環	躍	栓	吟	偽	慌
黄	斗	秩	傍	躍	躍	黒	躍	控	銘	青	耗	繭	黄
娯	是	躍	抽	託	環	躍	附	唯	泰	環	祉	躍	瞑
躍	披	偵	躍	拓	洪	篤	貪	駒	胎	硫	躍	緑	躍
環	撲	拉	毀	貢	騎	躍	躍	白	躍	采	椎	寧	躍
勾	巨	僅	鶏	躍	環	舟	凹	霜	躍	胞	赤	躍	舞
陣	替	免	躍	環	慄	隆	排	禅	贈	壇	緻	棋	環
環	雅	躍	白	躍	訟	執	賽	阻	佳	緑	躍	耗	躍
旺	緯	桟	漆	環	肖	環	朴	躍	苛	巧	遷	被	剰
躍	躍	黒	環	房	綻	揚	赤	躍	緑	倫	赦	躍	姻
旨	環	嬌	駒	環	享	躍	倒	謹	喚	尉	躍	墳	捕
黄	躍	黒	環	躍	躍	呈	塔	環	紫	躍	怨	乏	環
遣	慈	躍	黒	躍	環	逐	泌	舶	曇	妬	痢	躍	青

目標（　　分　　秒）　今回（　　分　　秒）

「✓」は全部で ［　　　］ 個

漢字数え　⦁12

「唯」という漢字の数を数えながら、できるだけ早く「唯」に✓を付けましょう。ただし、「唯」の左隣の漢字が色の名前の時は、✓を付けません。最後に✓の数を下に書きましょう。

白	餓	岳	随	棄	黒	唯	循	唯	訃	庸	唯	礁	呉
核	赤	環	賄	股	頑	虐	唯	惧	愁	青	唯	偽	唯
迅	唯	黒	唯	殖	澄	唯	弔	控	赤	唯	耗	繭	環
唯	是	拙	抽	託	閥	唯	白	唯	泰	侮	祉	伺	瞑
丹	唯	偵	璧	黒	洪	唯	貪	赤	唯	硫	躍	蚊	唯
環	撲	唯	毀	白	唯	獲	唯	還	据	唯	椎	唯	軟
緑	唯	僅	鯨	闇	唯	舟	唯	唯	黄	胞	併	唯	舞
陣	唯	免	唯	環	慄	唯	排	禅	贈	緑	唯	棋	唯
唯	雅	睦	帆	桑	訟	執	黄	唯	佳	酬	威	唯	懸
旺	緯	桟	唯	環	肖	環	唯	酌	唯	黒	唯	被	剰
棺	了	縛	環	黄	唯	揚	齢	環	暦	唯	赦	彙	姻
旨	環	黄	唯	黒	享	朕	倒	謹	唯	尉	賭	墳	捕
斎	嘲	唯	環	緑	唯	呈	塔	憤	羅	励	怨	唯	唯
遣	慈	淑	唯	錮	環	白	唯	舶	曇	赤	唯	爵	劣

目標（　　分　　秒）　今回（　　分　　秒）

「✓」は全部で［　　　　］個

2 ▶ 数える
漢字算

●**子どもにつけて欲しい力**

短期記憶の力、答えの写し間違いをしない力、うっかりミスを減らす力を養います。

●**進め方**

まず上段の右横の計算問題の答えを覚え、左の文章の下線が引かれた平仮名の漢字をイメージして、下段の計算問題の答えと同じ数字を選んで、その横の（　　）に対応する漢字を書きましょう。

●**ポイント**

・漢字が書けなければ平仮名やカタカナでも問題ありません。

・時間制限はありませんのでゆっくり確実にやるよう伝えましょう。

・なかなか覚えられなければ最初は声に出しながら（「32 は宛」など）、（　　）に漢字を書いてもらいましょう。

●**留意点**

・計算の答えを覚えながら漢字を書くことを目的にしていますので上段の文章の余白に漢字の答えを書いたり、計算の答えを書いたりしないよう伝えます。

・漢字が分からないときは（　　）には平仮名で書いてもらいましょう。

・（　　　）の数が合わないときは計算間違いをしていますので、どこか間違いがないか確認してもらうといいでしょう。

・この課題が難しければ、もっとやさしい課題から取り組ませましょう。（「コグトレ みる・きく・想像するための認知機能強化トレーニング」あいう算（三輪書店）など）。

例

漢字算　1

文の右にある計算の答えと同じ数を下から選んで、線が引いてある漢字を（　）に書きましょう。線が2本ある文章は漢字を2つ書きます。

友人<u>あ</u>てに手紙を送る	： 4×8
鳥の大群に<u>おどろ</u>いた	： 7×6
犯人が<u>けい</u>事を<u>おど</u>かす	： 5×9
<u>めずら</u>しい<u>ほたる</u>を見に田舎へ行く	： $92 \div 2$
<u>にん</u>者屋敷で<u>さむらい</u>を見つける	： 21×2
神社で<u>きち</u>を引いた	： $138 \div 3$
<u>きも</u>試しで友人を驚かす	： 6×8
雨が上がると<u>にじ</u>がかかっていた	： $76 \div 2$

32（　宛　）　　　46（　珍　）（　蛍　）（　吉　）

38（　虹　）　　　48（　肝　）

42（　驚　）（　忍　）（　侍　）

45（　刑　）（　脅　）

漢字算　1

文の右にある計算の答えと同じ数を下から選んで、線が引いてある漢字を（　）に書きましょう。線が2本ある文章は漢字を2つ書きます。

友人<u>あて</u>に手紙を送る	：4×8
鳥の大群に<u>おどろ</u>いた	：7×6
犯人が<u>けい</u>事を<u>おど</u>かす	：5×9
<u>めずら</u>しい<u>ほたる</u>を見に田舎へ行く	：$92 \div 2$
<u>にん</u>者屋敷で<u>さむらい</u>を見つける	：21×2
神社で<u>きち</u>を引いた	：$138 \div 3$
<u>きも</u>試しで友人を驚かす	：6×8
雨が上がると<u>にじ</u>がかかっていた	：$76 \div 2$

32 （　　　）　　　　46 （　　　）（　　　）（　　　）

38 （　　　）　　　　48 （　　　）

42 （　　　）（　　　）（　　　）

45 （　　　）（　　　）

漢字算　2

文の右にある計算の答えと同じ数を下から選んで、線が引いてある漢字を（　　）に書きましょう。線が2本ある文章は漢字を2つ書きます。

き何学模様の折り紙を折る	：17 × 3
太こを叩いてストレスを発散させる	：6 × 9
勇かんに立ち向かう姿に感動する	：18 × 3
ぐう然、町で泥棒に遭ぐうする	：26 × 2
チキン南ばんを作る	：212 ÷ 4
相手チームとの差は一目りょう然だ	：153 ÷ 3
テストのはん囲を確認する	：270 ÷ 5
奇みょうな体験をする	：208 ÷ 4

51（　　　　）（　　　　）

52（　　　　）（　　　　）（　　　　）

53（　　　　）

54（　　　　）（　　　　）（　　　　）

漢字算　▸3

文の右にある計算の答えと同じ数を下から選んで、線が引いてある漢字を（　　）に書きましょう。

飛行機が<u>つい</u>落したが無事助かった	：5×2
昔の記<u>おく</u>を思い出す	：2×7
高熱で病院に<u>はん</u>送された	：6×2
<u>まん</u>画喫茶に行く	：3×5
彼には不思議な<u>み</u>力がある	：$44 \div 4$
森でクモの巣に<u>から</u>まってしまった	：$78 \div 6$
<u>しょう</u>学金を借りながら大学に通う	：$84 \div 7$
<u>ろう</u>下を走って先生に叱られた	：$70 \div 5$

10（　　　　）　　　13（　　　　）

11（　　　　）　　　14（　　　　）（　　　　）

12（　　　　）（　　　　）　15（　　　　）

漢字算　◖4

文の右にある計算の答えと同じ数を下から選んで、線が引いてある漢字を（　　）に書きましょう。

パソコンの反応が<u>にぶ</u>くなってしまった	：6 × 6
これは<u>左右けん</u>用のはさみです	：4 × 9
弟は 3 <u>けた</u>のかけ算ができる	：8 × 4
バス停までの道を通行人に<u>たず</u>ねた	：11 × 3
半身浴をすることで血行が<u>そく</u>進される	：102 ÷ 3
ライオンが獲物を待ち<u>ぶ</u>せする	：70 ÷ 2
戦争が<u>にく</u>い	：64 ÷ 2
バイオリンが<u>ひ</u>けるようになりたい	：136 ÷ 4

32（　　　　）（　　　　　）　　35（　　　　　）

33（　　　　）　　　　　　　　36（　　　　　）（　　　　　）

34（　　　　）（　　　　　）

漢字算　5

文の右にある計算の答えと同じ数を下から選んで、線が引いてある漢字を（　　）に書きましょう。

ハムスターが狭い隙間に入り<u>こ</u>んでしまった　：5×5

後ろの車が急に<u>せ</u>まってきた　：9×3

国語の授業で俳句を<u>よ</u>む　：13×2

将来のためにお金を貯<u>ちく</u>する　：7×4

グループの意見が一<u>ち</u>した　：$84 \div 3$

<u>ねん</u>着力の強いガムテープを買う　：$78 \div 3$

送料無料、<u>ただ</u>しお一人様 2 点まで　：$50 \div 2$

転んで花瓶が<u>く</u>だけてしまった　：$108 \div 4$

25（　　　）（　　　）　27（　　　）（　　　）

26（　　　）（　　　）　28（　　　）（　　　）

漢字算　6

文の右にある計算の答えと同じ数を下から選んで、線が引いてある漢字を（　）に書きましょう。線が2本ある文章は漢字を2つ書きます。

取り<u>し</u>まりにより<u>ばつ</u>を受けた ： 7 × 6

その地震の被害は関西全域に<u>およ</u>んだ ： 4 × 1 2

体育祭の種目決めで<u>二人三</u>きゃくを<u>選たく</u>する ： 8 × 6

<u>し</u>肪を落とすためにお菓子の誘<u>わく</u>を<u>こば</u>む ： 9 × 5

<u>凸</u>レンズを<u>かたむ</u>けて<u>きょ</u>像を作図する ： 7 × 7

食パンを一<u>きん</u>食べる ： 98 ÷ 2

野菜の<u>くき</u>には栄養がある ： 90 ÷ 2

ここは<u>けん</u>外なのでスマホで目的地を調べる

ことができない ： 132 ÷ 3

42 （　　　）（　　　） 49 （　　　）（　　　）（　　　）

44 （　　　）

45 （　　　）（　　　）（　　　）（　　　）

48 （　　　）（　　　）（　　　）

漢字算　　7

文の右にある計算の答えと同じ数を下から選んで、線が引いてある漢字を（　　）に書きましょう。線が2本ある文章は漢字を2つ書きます。

その<u>し</u>設に<u>とま</u>ることにした	: 6×5
<u>車</u>の<u>かぎ</u>を閉め忘れたことに気がついた	: 3×9
<u>のう</u>厚なラーメンに<u>とう</u>辛子をふりかける	: 8×4
ハンコを押すために<u>しゅ</u>肉を買いに行く	: 7×4
<u>ご</u>角の争いだったが相手選手が<u>たお</u>れた	: $56 \div 2$
甘い<u>にお</u>いに誘<u>わく</u>される	: $128 \div 4$
旅行先で<u>ちゅう</u>車場をさがす	: $81 \div 3$
知り合いの別<u>そう</u>に招かれる	: $120 \div 4$

27（　　　）（　　　）

28（　　　）（　　　）（　　　）

30（　　　）（　　　）（　　　）

32（　　　）（　　　）（　　　）（　　　）

漢字算　　8

文の右にある計算の答えと同じ数を下から選んで、線が引いてある漢字を（　　）に書きましょう。

都市が<u>はん</u>栄する	：3 × 7
棚に<u>ちん</u>列された商品を見る	：4 × 6
火山が勢いよく<u>ふん</u>火した	：8 × 3
試合に負けてしまった友人を<u>なぐ</u>さめる	：11 × 2
毎日の練習で技を<u>みが</u>く	：105 ÷ 5
体育で<u>じゅう</u>道を教わる	：92 ÷ 4
青信号が点<u>めつ</u>していたため渡るのを<u>止</u>めた	：132 ÷ 6
裁<u>ほう</u>道具を探す	：138 ÷ 6

21 （　　　　）（　　　　　）　　23 （　　　　　）（　　　　　）

22 （　　　　）（　　　　　）　　24 （　　　　　）（　　　　　）

漢字算　●9

文の右にある計算の答えと同じ数を下から選んで、線が引いてある漢字
を（　　）に書きましょう。線が2本ある文章は漢字を2つ書きます。

身体の<u>じく</u>を意識して体操する　　　　　　　　：3 × 6

彼は<u>まゆ毛</u>と<u>目じり</u>の間にほくろがある　　：7 × 3

手の<u>こう</u>を火傷してしまった　　　　　　　　：4 × 5

予定を月曜日から水曜日に<u>一たん</u>変<u>こう</u>する　：9 × 2

雑巾を<u>しぼ</u>って手が痛くなる　　　　　　　　：38 ÷ 2

のどが<u>かわ</u>いたのでコップ3<u>はい</u>のお茶を飲んだ　：63 ÷ 3

高校生になって友達と<u>そ</u>遠になってしまった　：51 ÷ 3

初めて料<u>てい</u>に連れて行ってもらった　　　　：76 ÷ 4

17（　　　　）

18（　　　　）（　　　　）（　　　　）

19（　　　　）（　　　　）　　　20（　　　　）

21（　　　）（　　　　）（　　　　）（　　　）

漢字算　10

文の右にある計算の答えと同じ数を下から選んで、線が引いてある漢字を（　　）に書きましょう。線が２本ある文章は漢字を２つ書きます。

先ぱいに連絡のメールをいれる 　　　　　　：5×8

稲ほを、ながめて休憩する 　　　　　　　　：6×7

夏に冷やっこを食べる 　　　　　　　　　　：19×2

母校がはい校になってしまった 　　　　　　：14×3

３時ごろにおやつを食べる 　　　　　　　　：$76 \div 2$

夏休みに色さい検定を受ける 　　　　　　　：$123 \div 3$

事故によってち骨を骨折した 　　　　　　　：$117 \div 3$

大雨警報にともない学校が休校になった 　　：$82 \div 2$

38（　　　　）（　　　　）　41（　　　　）（　　　　）

39（　　　　）　　　　　　　42（　　　　）（　　　　）（　　　　）

40（　　　　）

漢字算　　●11

文の右にある計算の答えと同じ数を下から選んで、線が引いてある漢字を（　）に書きましょう。線が2本ある文章は漢字を2つ書きます。

一<u>ぴき</u>の犬が砂<u>はま</u>を歩いていた	: 4×5
<u>き</u>業に就職してお金を<u>かせ</u>ぐ	: 3×8
<u>くし</u>カツの食べ過ぎで栄養が<u>かたよ</u>ってしまった	: 7×3
<u>いそが</u>しすぎて<u>はだ</u>が<u>あれ</u>てしまった	: 6×4
球技大会の<u>ため</u>に<u>たっ</u>球の実<u>せん</u>練習をした	: 2×13
車<u>よい</u>をしたため日<u>かげ</u>で休憩した	: $54 \div 2$
良い<u>えん</u>に<u>めぐ</u>まれて<u>せき</u>を入れた	: $46 \div 2$
<u>きば</u>が身体を<u>つらぬ</u>いた	: $69 \div 3$

20 （　　　）（　　　）
21 （　　　）（　　　）
23 （　　　）（　　　）（　　　）（　　　）（　　　）
24 （　　　）（　　　）（　　　）（　　　）（　　　）
26 （　　　）（　　　）（　　　）
27 （　　　）（　　　）

漢字算 ●12

文の右にある計算の答えと同じ数を下から選んで、線が引いてある漢字を（　　）に書きましょう。線が2本ある文章は漢字を2つ書きます。

とつ然よう怪が現れる夢を見た	: 3 × 6
こいえん筆でわく線を書く	: 6 × 2
むすめがじん平を着て童ようを歌っていた	: 4 × 4
感染しょうにくわしい医者にみてもらう	: 8 × 2
長いおのねこがえ物をねらっている	: 39 ÷ 3
後けい者不足により第一次産業がすい退する	: 42 ÷ 3
ゆるい坂道を上ると一けんのお店が見えた	: 72 ÷ 6
どんぶり定食の付け合わせにつけ物が出た	: 52 ÷ 4

12 （　　　）（　　　）（　　　）（　　　）（　　　）

13 （　　　）（　　　）（　　　）（　　　）（　　　）（　　　）

14 （　　　）（　　　）

16 （　　　）（　　　）（　　　）（　　　）（　　　）

18 （　　　）（　　　）

さがし算

●子どもにつけて欲しい力

答えを効率よく探すことで、暗算力、短期記憶、処理スピード、計画力を向上させます。

●進め方

たて、よこ、ななめで隣り合った3つの漢数字の数を足すと、指定された数字になるものが1〜3つずつありますので、それを探して右の例のように○で囲みます。

●ポイント

・効率よく数字の組み合わせを探すには、上から下段の順に、左から右方向（下の例のように「六」から「二」の方向）に最初の数字を決め（①）、次に、その数字を軸に2番の数字を時計回りに決めていきます（②）。最後に2番目の数字を起点に、指定された数字になる3つ目の数字を時計周りに探していきます（③）。

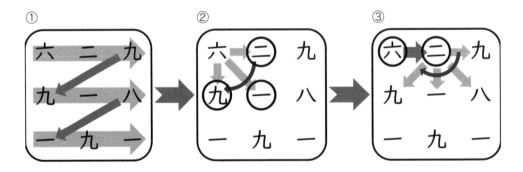

●留意点

・2つ足したものが指定された探す数字から引いて10より大きければもう3つ目を探す必要はありません。例えば2つ足したものが3、指定された数字が15とするとあと一つは12になり、探す必要がなくなります。このように効率よく探す工夫を促していきましょう。

・この課題にもっと取り組みたい際は「もっとコグトレ　さがし算60」（東洋館出版社）をご利用ください。

例

さがし算 ▪1

□ の中のたて、よこ、ななめのとなりあった3つの数字を足すと、15になるものが1つずつあります。それを探して ◯ で囲みましょう。

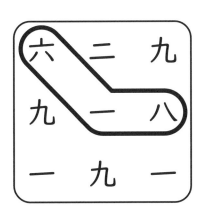

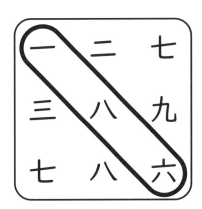

さがし算 1

□の中のたて、よこ、ななめのとなりあった３つの数字を足すと、15になるものが１つずつあります。それを探して◯で囲みましょう。

六	二	九
九	一	八
一	九	一

一	二	七
三	八	九
七	八	六

七	六	九
八	七	七
二	八	九

八	六	四
九	七	五
五	八	九

さがし算　2

□の中のたて、よこ、ななめのとなりあった3つの数字を足すと、14になるものが2つずつあります。それを探して◯で囲みましょう。

一	八	九
四	九	七
三	六	二

一	二	七
三	九	八
六	五	九

七	二	六
八	九	五
二	五	四

七	八	四
八	一	八
四	六	二

さがし算　**3**

□の中のたて、よこ、ななめのとなりあった３つの数字を足すと、15 になるものが２つずつあります。それを探して◯で囲みましょう。

三	二	九
二	一	五
七	四	六

六	四	七
二	三	八
九	一	九

一	七	八
八	二	六
四	八	九

五	五	九
四	七	八
七	一	四

さがし算　4

の中のたて、よこ、ななめのとなりあった3つの数字を足すと、15になるものが3つずつあります。それを探して◯で囲みましょう。

一	二	八
二	四	七
六	三	五

三	二	九
七	九	七
六	四	五

一	五	二
六	五	三
九	二	四

二	九	一
九	八	七
三	四	六

さがし算　5

の中のたて、よこ、ななめのとなりあった3つの数字を足すと、15になるものが1つずつあります。それを探して◯で囲みましょう。

五	七	九	五
七	五	四	八
四	八	七	一
一	八	四	八

九	八	九	四
七	五	八	五
八	六	九	七
四	九	八	二

さがし算　6

□ の中のたて、よこ、ななめのとなりあった3つの数字を足すと、16になるものが1つずつあります。それを探して ◯ で囲みましょう。

一	三	四	三
二	三	二	四
七	四	二	五
五	二	四	五

八	九	八	七
二	七	九	九
四	九	八	五
七	六	九	三

さがし算　7

の中のたて、よこ、ななめのとなりあった3つの数字を足すと、15になるものが2つずつあります。それを探して⬭で囲みましょう。

九	一	五	四
八	八	七	四
九	五	八	九
五	六	九	五

八	九	五	七
七	四	九	八
一	七	九	六
五	五	六	五

さがし算　▶8

の中のたて、よこ、ななめのとなりあった3つの数字を足すと、16になるものが2つずつあります。それを探して ◯ で囲みましょう。

```
五　九　五　二
六　七　八　三
八　八　七　七
五　九　八　四
```

```
二　九　一　二
三　八　二　三
五　一　四　四
一　五　三　一
```

3 写す

点つなぎ

●子どもにつけて欲しい力

　ものを正確に写す力といった視覚認知の基礎力を向上させることで漢字の形態を正しく認識する力や、手先の微細運動、視覚と手先運動との協応の力などを養います。

●進め方

　上段の見本をみながら、下段に写します。定規は使わずフリーハンドで行います。

●ポイント

・取り組み時間は気にせずゆっくり確実に写してもらいましょう。
・点と点を結ぶ線が歪んでいても、正しく繋ごうとしていることが分かれば正解とします。
・できるだけ消しゴムを使わないで最初から正確に書いてみるよう注意を促しましょう。

●留意点

・定規を使いたがる子どもがいますが、漢字を書くのに定規を使わないのと同様に下手でもいいので定規は使わないよう伝えます。
・もし正確に写せていなければ、すぐに正解を教えるのではなくどこが間違っているのかを見つけてもらいましょう。3回やらせて見つけられなければ正解を教えて、後日、再トライさせると効果的です。
・点上に漢字が配置されるため、漢字の形態が必ずしも正確でないことがあります。ここでの目的は写す力をつけることですので、時間に余裕があれば正確な漢字形態を教科書などで確認してもらいましょう。
・この課題が難しいようであれば、もっとやさしい課題からスタートさせましょう（「やさしいコグトレ　認知機能強化トレーニング」点つなぎ（三輪書店）など）。

例

点つなぎ　1

①に書かれている漢字と同じように、
②に点をつないで漢字を書き写しましょう。

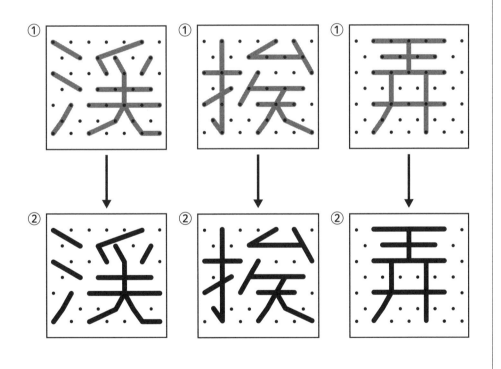

点つなぎ　1

①に書かれている漢字と同じように、
②に点をつないで漢字を書き写しましょう。

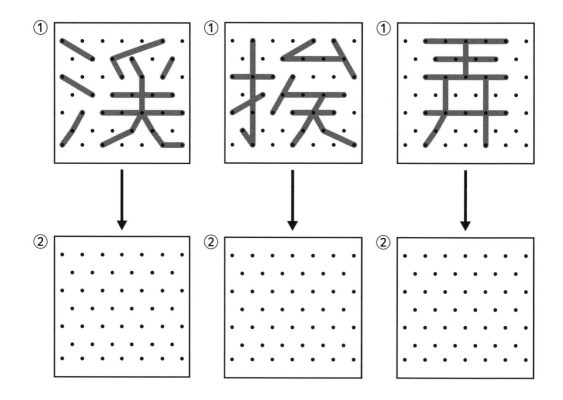

点つなぎ　2

①に書かれている漢字と同じように、
②に点をつないで漢字を書き写しましょう。

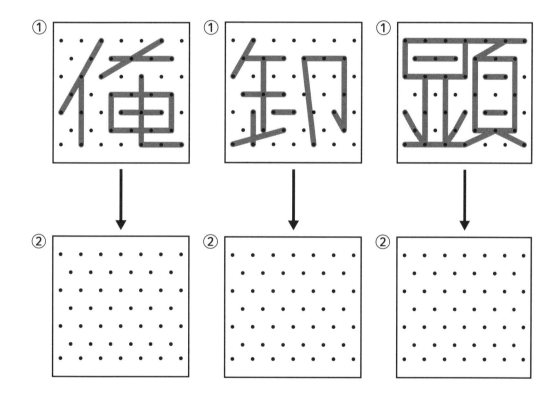

点つなぎ　3

①に書かれている漢字と同じように、
②に点をつないで漢字を書き写しましょう。

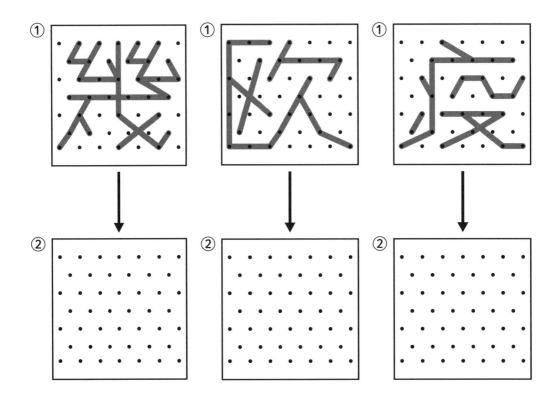

点つなぎ　4

①に書かれている漢字と同じように、
②に点をつないで漢字を書き写しましょう。

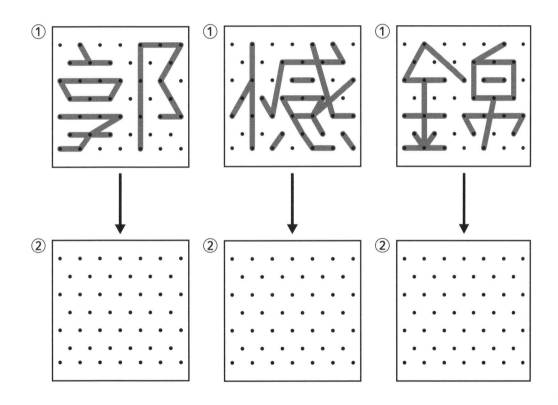

点つなぎ　5

①に書かれている漢字と同じように、
②に点をつないで漢字を書き写しましょう。

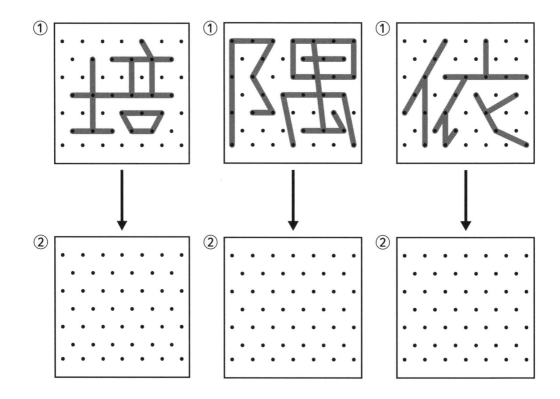

点つなぎ　6

①に書かれている漢字と同じように、
②に点をつないで漢字を書き写しましょう。

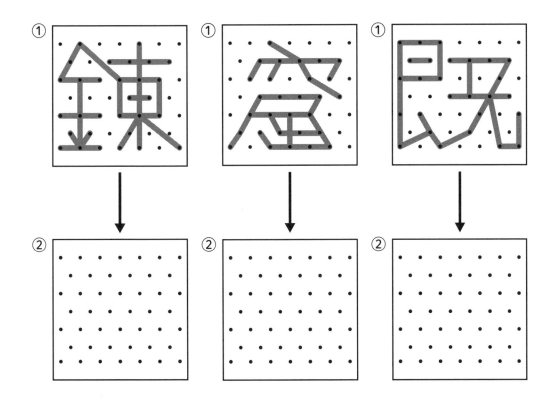

点つなぎ　7

①に書かれている漢字と同じように、
②に点をつないで漢字を書き写しましょう。

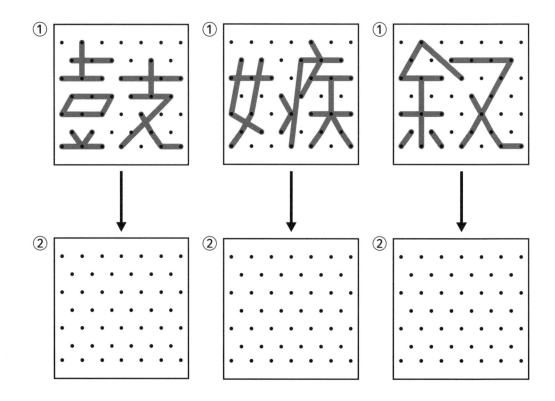

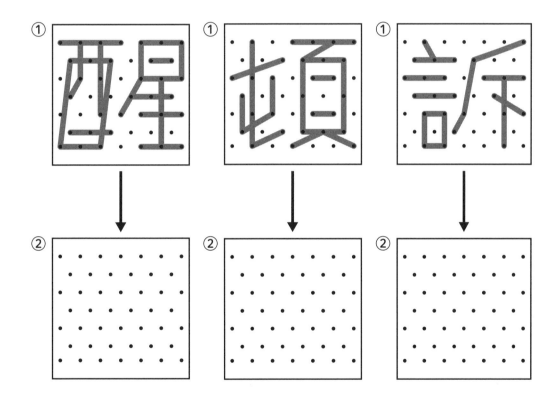

点つなぎ　8

①に書かれている漢字と同じように、
②に点をつないで漢字を書き写しましょう。

①

①

①

②

②

②

3 ▶ 写す
くるくる漢字

●**子どもにつけて欲しい力**

　角度が変わっても同じ形であることを認識する力、論理性、心的回転の力を養います。

●**進め方**

　上の○の中の点で繋がれた漢字を下に正しい方向で正確に写します。

●**ポイント**

　・上の○の中にある漢字がまず何であるかに気づくことに加え、下の○の中に正しい方向で
　　写す必要があります。ヒントは★の位置です。★と線の位置関係を考えてもらいます。

●**留意点**

　・何の漢字か気づかなければ紙を回転させてあげましょう。
　・点上に漢字が配置されるため、漢字の形態が必ずしも正確でないことがあります。ここで
　　の目的は写す力をつけることですので、時間に余裕があれば正確な漢字形態を教科書など
　　で確認してもらいましょう。

例

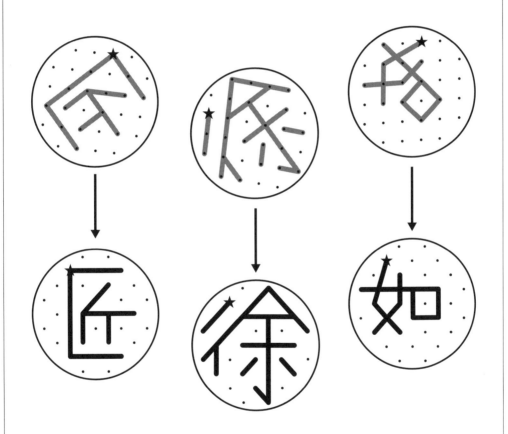

くるくる漢字 1

上と同じ漢字になるように、下の○に正しい向きで漢字を書きましょう。

くるくる漢字　1

上と同じ漢字になるように、下の○に正しい向きで漢字を書きましょう。

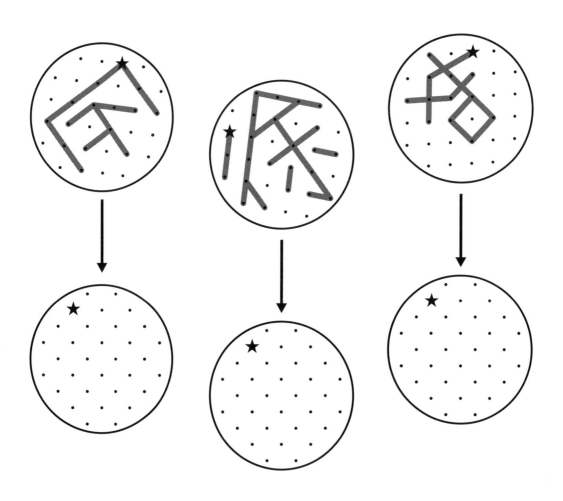

くるくる漢字 2

上と同じ漢字になるように、下の○に正しい向きで漢字を書きましょう。

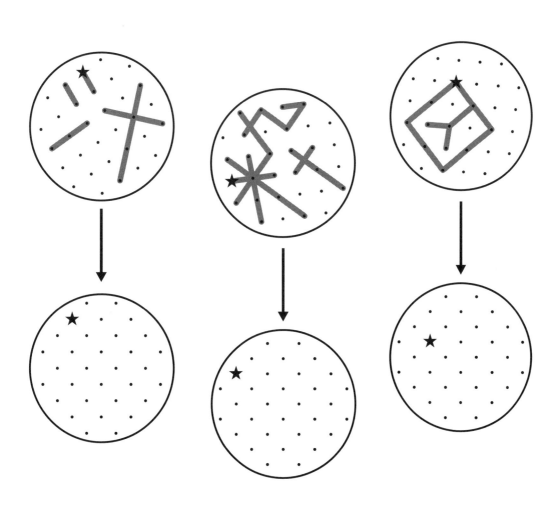

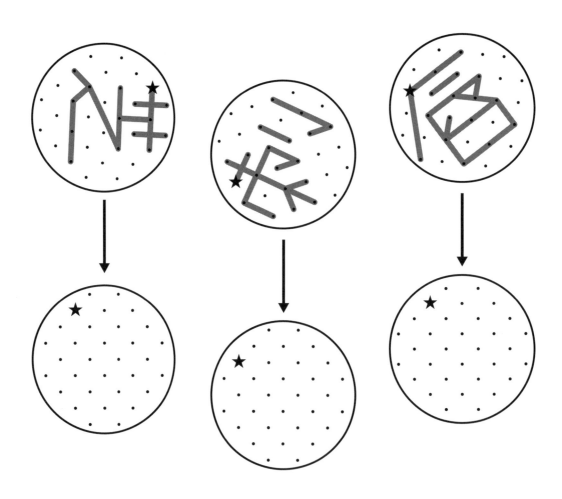

年　　組

くるくる漢字　3

上と同じ漢字になるように、下の○に正しい向きで漢字を書きましょう。

くるくる漢字 4

上と同じ漢字になるように、下の○に正しい向きで漢字を書きましょう。

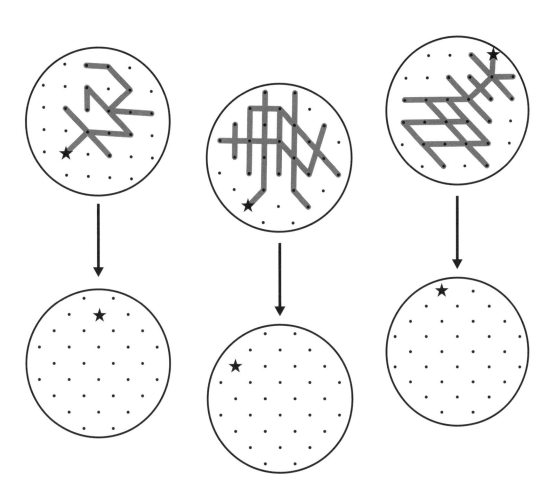

くるくる漢字　5

上と同じ漢字になるように、下の○に正しい向きで漢字を書きましょう。

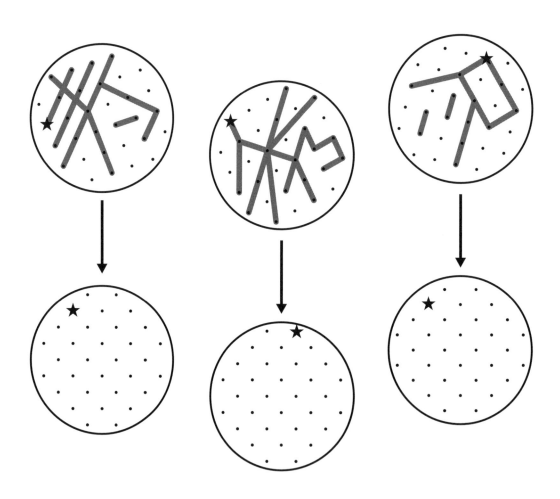

くるくる漢字 6

上と同じ漢字になるように、下の○に正しい向きで漢字を書きましょう。

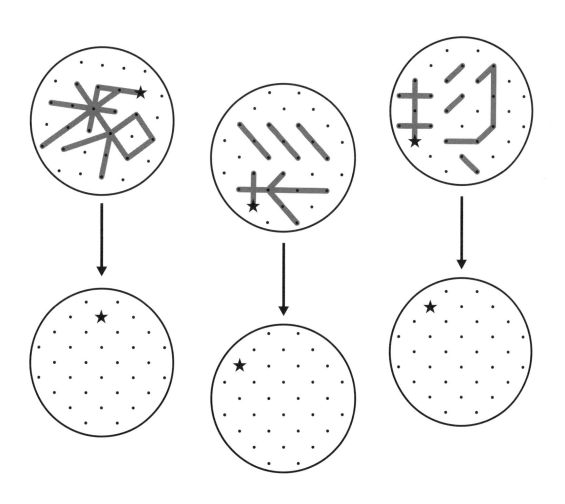

くるくる漢字　7

上と同じ漢字になるように、下の○に正しい向きで漢字を書きましょう。

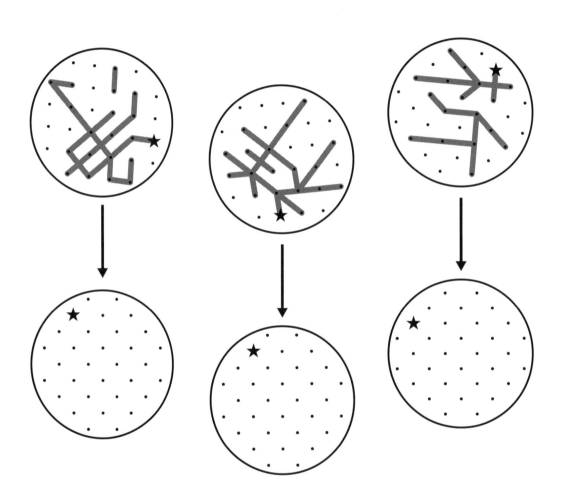

くるくる漢字 ⦁8

上と同じ漢字になるように、下の○に正しい向きで漢字を書きましょう。

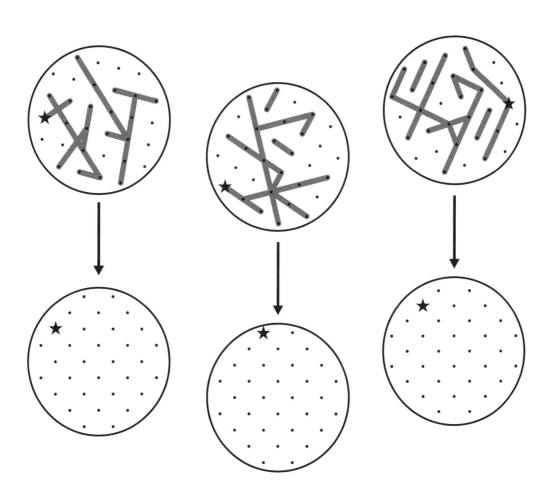

3 ▶ 写す
鏡・水面漢字

●子どもにつけて欲しい力
漢字を鏡像や水面像に置き換え、位置関係を理解する力、想像しながら正確に写す力を養います。

●進め方
鏡と水面に何かの漢字が映っていますので、それを想像して正しい漢字を空欄に書き直します。

●ポイント
・何の漢字か分かれば、それを正しく枠に書くだけですので比較的容易ですが、できるだけ鏡像、水面像と同じようになるよう書いてもらいましょう。
・もし漢字が分からない場合は実際に鏡を使って何の漢字か理解してもらいましょう。

●留意点
・もしこの課題が簡単に感じるようであれば「とめ」「はらい」などの位置も正確に写すことにもチャレンジしてみましょう。

例

鏡・水面漢字　1

鏡や水面に写った漢字を、正しく書きましょう。

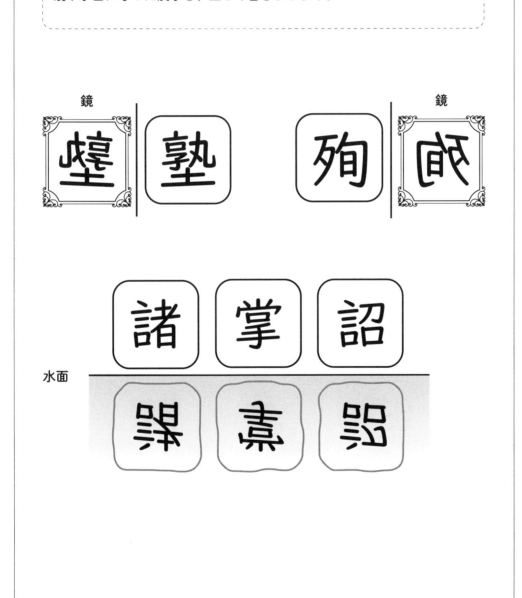

鏡・水面漢字　1

鏡や水面に写った漢字を、正しく書きましょう。

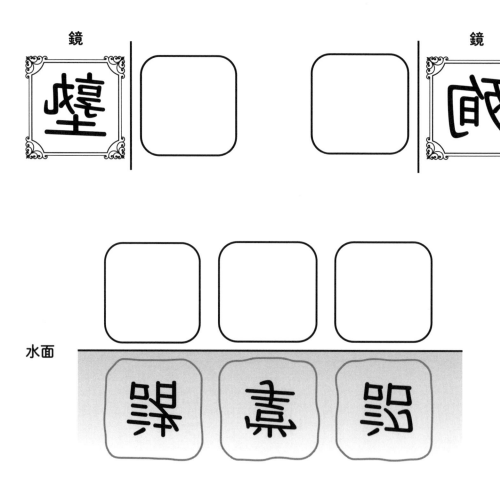

鏡・水面漢字 2

鏡や水面に写った漢字を、正しく書きましょう。

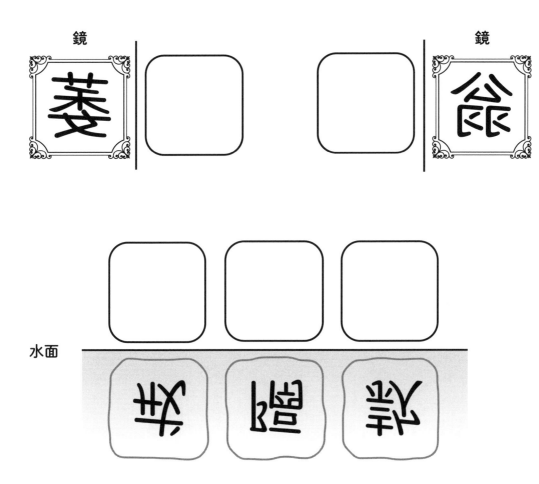

鏡・水面漢字 3

鏡や水面に写った漢字を、正しく書きましょう。

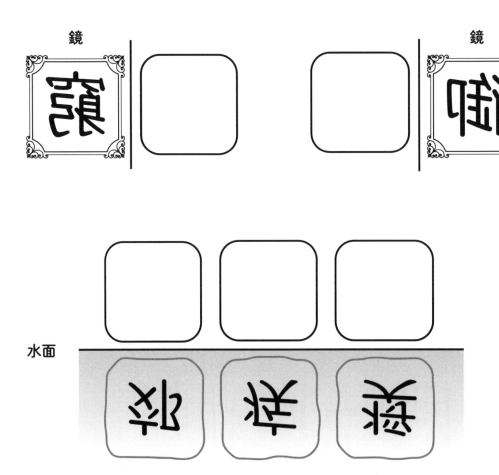

鏡・水面漢字　4

鏡や水面に写った漢字を、正しく書きましょう。

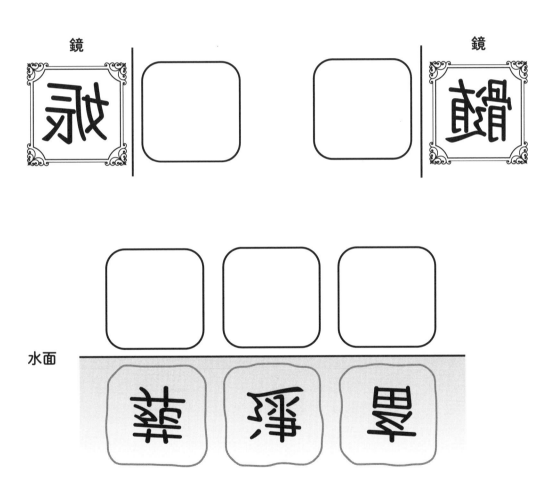

鏡・水面漢字　5

鏡や水面に写った漢字を、正しく書きましょう。

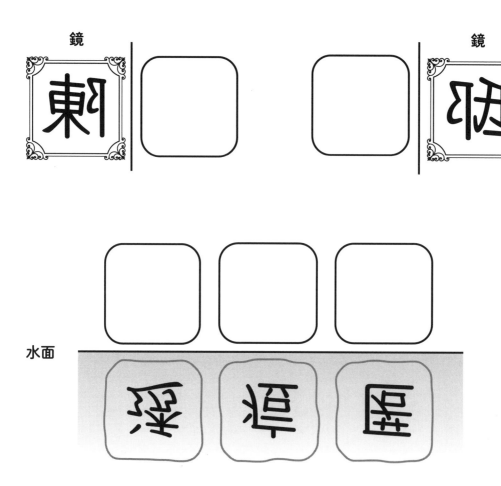

鏡・水面漢字　6

鏡や水面に写った漢字を、正しく書きましょう。

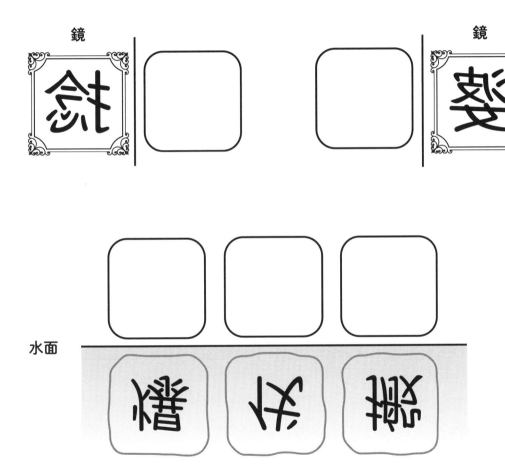

鏡・水面漢字　7

鏡や水面に写った漢字を、正しく書きましょう。

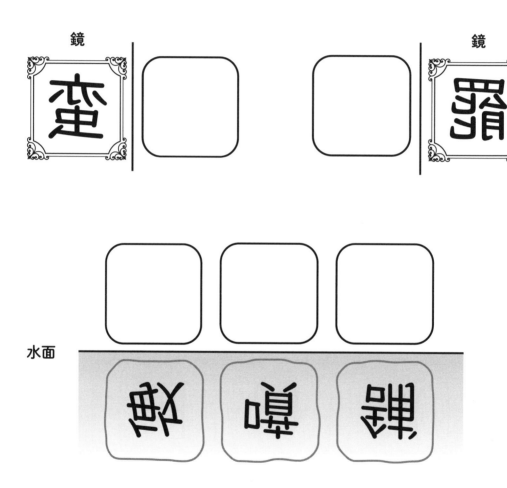

鏡・水面漢字 8

鏡や水面に写った漢字を、正しく書きましょう。

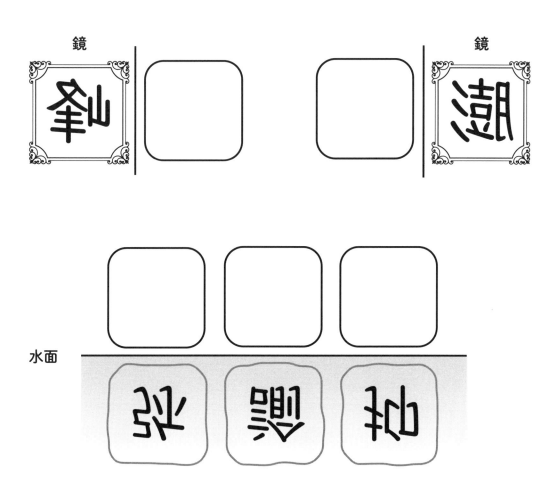

4 見つける

4 見つける

漢字さがし

● **子どもにつけて欲しい力**

　不規則に並んだ点群の中からある特定の形を見つけることで形の輪郭を認識できる力を養います。

● **進め方**

　上に示された漢字の輪郭をかたどった点配列を下の点群の中から探し、線で結びます。

● **ポイント**

・対象となる配列の個数が問題に書いてありますので、すべて見つかるまで探してもらいましょう。

・わかりにくければ最初の一つを線で結んで見本を見せてあげましょう。

● **留意点**

・ターゲットの漢字がほとんど見つけられず、この課題が難しいようであれば黒板を写したりすることも困難であることが推測されます。もっとやさしい課題から取り組ませましょう。（「やさしいコグトレ　認知機能強化トレーニング」形さがし（三輪書店）など）。

例

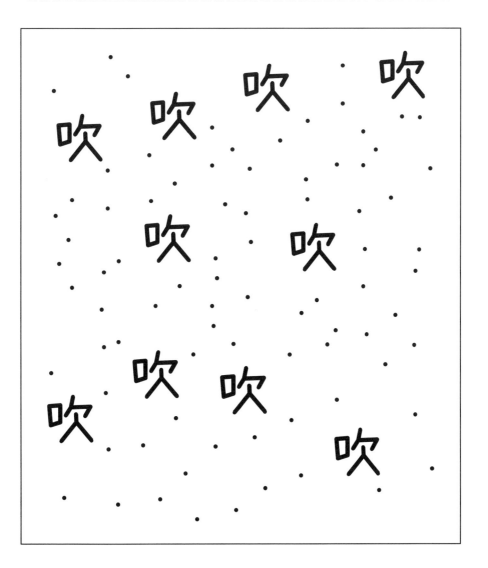

漢字さがし　1

下の点の中に「．．．」が 10 組あります。見つけて「吹」のように線で
結びましょう。

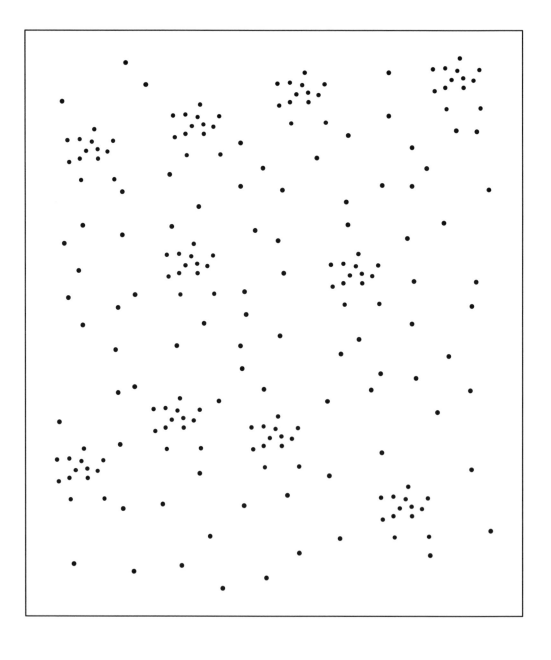

漢字さがし　2

下の点の中に「」が 10 組あります。見つけて「汎」のように線で結びましょう。

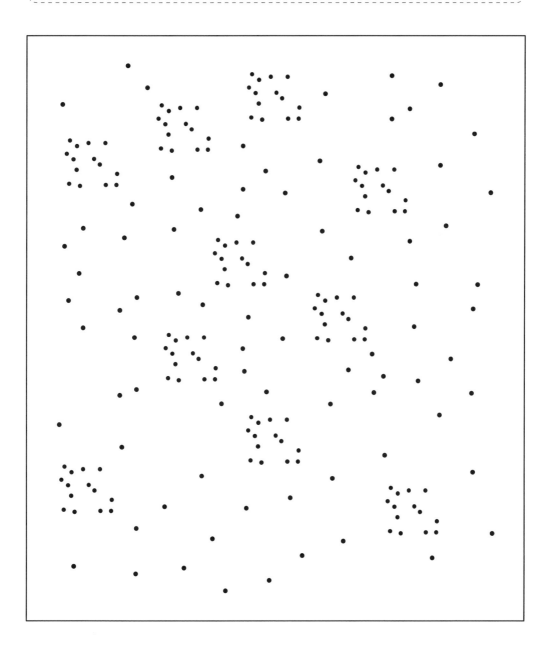

漢字さがし　3

下の点の中に「⠶」が 10 組あります。見つけて「亜」のように線で結びましょう。

漢字さがし　4

下の点の中に「 :·: 」が10組あります。見つけて「忘」のように線で結びましょう。

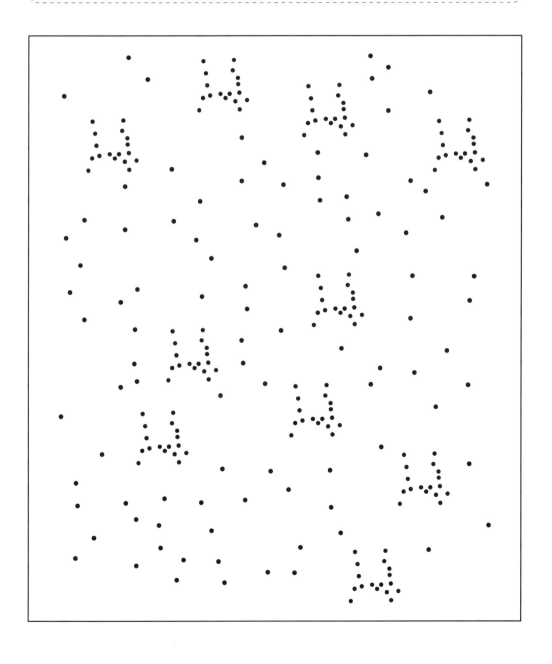

漢字さがし　5

下の点の中に「珠」が 10 組あります。見つけて「珠」のように線で結びましょう。

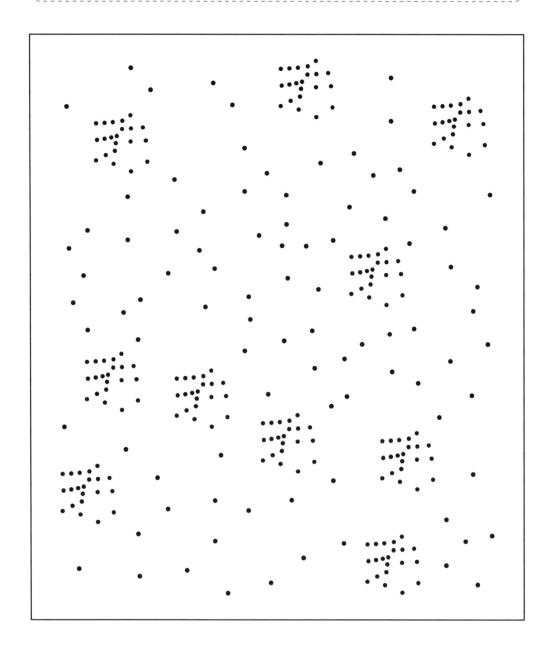

漢字さがし　6

下の点の中に「∴」が10組あります。見つけて「乙」のように線で結びましょう。

漢字さがし　7

下の点の中に「∴」が 10 組あります。見つけて「刃」のように線で結びましょう。

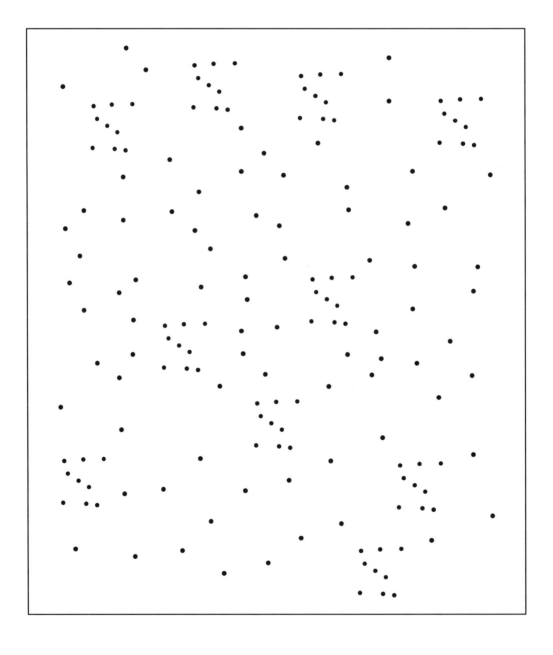

漢字さがし　8

下の点の中に「⋮」が 10 組あります。見つけて「介」のように線で結びましょう。

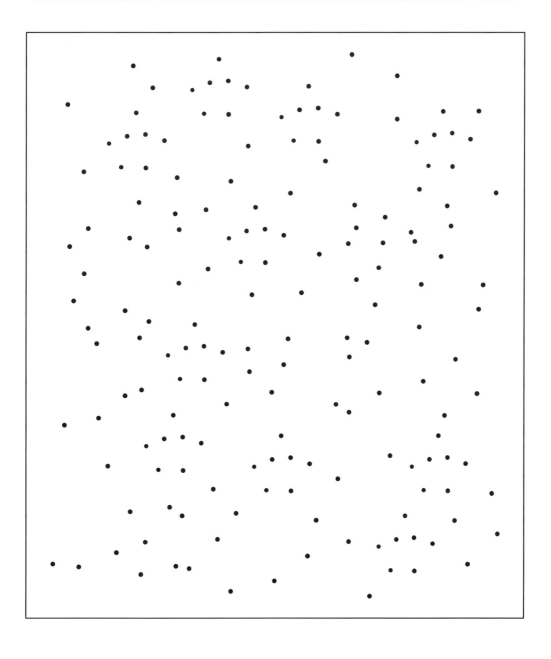

かさなり漢字

●子どもにつけて欲しい力

あるまとまった形の中から一部の形を抽出していくことで、形の構成を理解する力など図形思考を養います。

●進め方

左に提示された漢字を作るのに使われない部品を右の 6〜8 つの中から一つ選び、〇で囲みます。

●ポイント

・この問題に答えるには、右の部品が左の漢字のどこに隠れているかを探していく方法、右の部品をどのように組み立てて左の漢字を作っていくかを考える方法などがありますが、最初は、右の部品が左の漢字のどこに隠れているかを考えてもらいましょう。分かりにくければ左の漢字の中で対応する部品を一つずつ赤鉛筆でなぞってもらってもいいでしょう。

●留意点

・見つけ方は発達の度合いによって、①全体から部品を見つけていく、②部品から全体を作っていく、③全体を見てどうしてこの部品が必要なのか不要なのかを考える、といった順に高度になっていきます。子どもがどの発達段階なのかを知り、慣れてくればより高度な方法で見つけるよう促していきましょう。

・この課題が難しければ、もっとやさしい課題から取り組みましょう。(「やさしいコグトレ認知機能強化トレーニング」形さがし、点つなぎ(三輪書店)など)。

例

かさなり漢字 1

左の漢字を作るのに、右の中で1つだけ使わないものを選んだら◯で囲みましょう。

左の漢字を作るのに、右の中で1つだけ使わないものを選んだら◯で囲みましょう。

慰

尸　示　寸
、　心　艹

塊

土　厶　田
ノ　儿　末

楷

ヒ	丶	ヒ
耒	木	日

涯

丰	一	氵
圭	ノ	圭

寛

冖	八	艹
儿	目	丶

左の漢字を作るのに、右の中で1つだけ使わないものを選んだら◯で囲みましょう。

柔

木　丶　フ
　｜　ノ　ア

痴

　　　　　 ⻗
　冫　コ
　矢　ノ　口

窃

ノ　宀　八
フ　ハ　七

恭

ハ　一　丶
小　ハ　艹

賠

亠　口　一
目　ハ　日

左の漢字を作るのに、右の中で1つだけ使わないものを選んだら◯で囲みましょう。

| 碑 | 十　由　ヘ
ロ　丁　丶 |

| 踪 | テ　宀　才
止　ハ　ロ |

藤

| 夫 | 艹 | ⺌ |
| 月 | 氺 | 凵 |

幣

| 廾 | 冂 | 夂 |
| ⺌ | ⺍ | 巾 |

睦

| 一 | 十 | 八 |
| ⻖ | 土 | 目 |

左の漢字を作るのに、右の中で１つだけ使わないものを選んだら◯で囲みましょう。

磨

木　一　禾
ノ　木　石

憂

一　イ　夂
目　心　一

殉	ク　ノ　日 ロ　タ　一
範	車　ケ　し フ　艹　ム
挫	一　木　二 ム　扌　ム

左の漢字を作るのに、右の中で1つだけ使わないものを選んだら◯で囲みましょう。

廊

ム ヨ ろ 一
二 ノ ・ 丨

旋

マ 亠 一 コ
人 ノ 一 丿

惰

丨　エ　ハ　目
冂　ノ　二　一

膚

田　一　月　丿
⊢　八　乚　一

緊

夂　八　臣　厶
フ　丶　く　丨

左の漢字を作るのに、右の中で１つだけ使わないものを選んだら◯で囲みましょう。

襟

丁 木 不 ネ
禾 八 一 、

簿

于 氵 十 、
寸 、 竹 日

墜

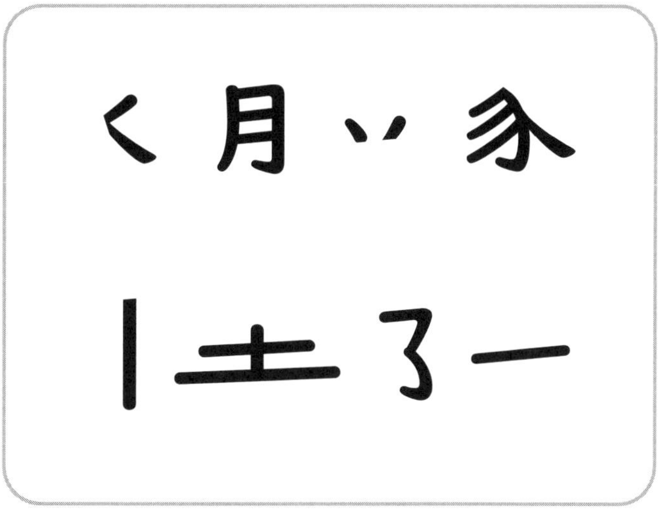

く　月　ヽ　豕

｜　土　了　一

礎

卜　丁　人　木

木　大　口　一

膳

王　刀　ヽ　目

一　：　口　ヽ

左の漢字を作るのに、右の中で1つだけ使わないものを選んだら◯で囲みましょう。

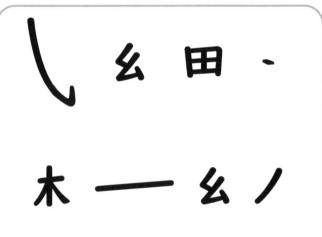

し　幺　田　丶

木　一　幺　ノ

一　艹　士　氵

田　川　一　八

瀬

月 ハ 巾 氵
ハ テ ノ 目

請

二 ロ 冂 二
人 一 圭 、

綱

丁 田 丨 凵
幺 ハ ㄐ 一

左の漢字を作るのに、右の中で1つだけ使わないものを選んだら◯で囲みましょう。

縫	牛 ユ ク 丶 丰 乀 小 幺

| 衡 | イ 田 丁 大
コ 勹 一 ノ |

戲

艶

蹴

違いはどこ？

●**子どもにつけて欲しい力**

　2枚の絵の違いを考えることで、視覚情報の共通点や相違点を把握する力や観察力を養います。

●**進め方**

　上下の絵で違うところを5〜6つ見つけ、〇で囲みます。

●**ポイント**

・違いは漢字だけではありませんが、まずは上下で漢字が同じかを確認してもらいましょう。

・形の違いだけでなく位置関係の違いなどにも注意してもらいましょう。

●**留意点**

・この課題が難しければ、次の「同じ絵はどれ？」はより難しくなりますので、この課題が確実にできるまで練習しましょう。

・時間内にできない子どもがいても終わりの会までに見つけるなど、能力に応じて答えを伝えるよう配慮してあげましょう。

例

違いはどこ 1

上と下の絵で違うところが5つあります。違いは漢字だけではありません。違うところを見つけたら、下の絵に〇で囲みましょう。

違いはどこ　1

上と下の絵で違うところが 5 つあります。違いは漢字だけではありません。違うところを見つけたら、下の絵に〇で囲みましょう。

違いはどこ　2

上と下の絵で違うところが6つあります。違いは漢字だけではありません。違うところを見つけたら、下の絵に〇で囲みましょう。

違いはどこ　▶3

上と下の絵で違うところが5つあります。違いは漢字だけではありません。違うところを見つけたら、下の絵に○で囲みましょう。

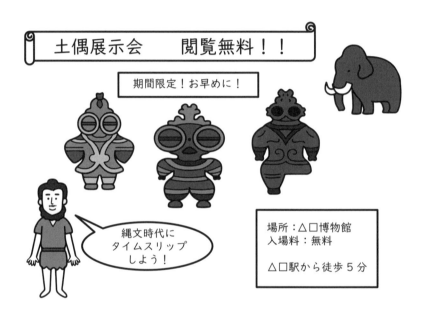

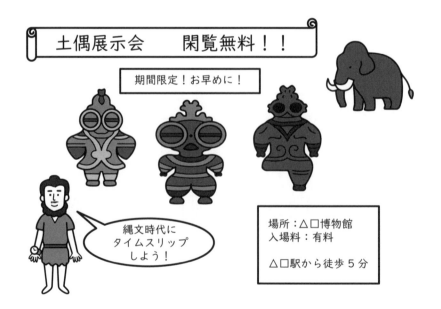

違いはどこ 4

上と下の絵で、ちがう所が5つあります。ちがいは漢字だけではありません。ちがう場所を見つけたら、○で囲みましょう。

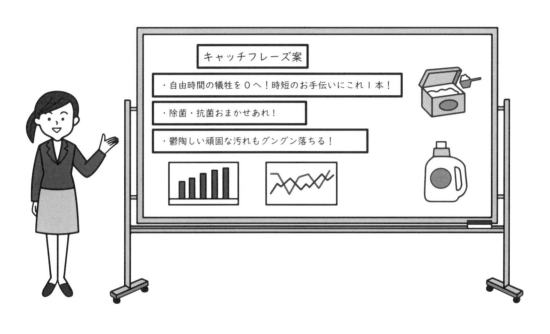

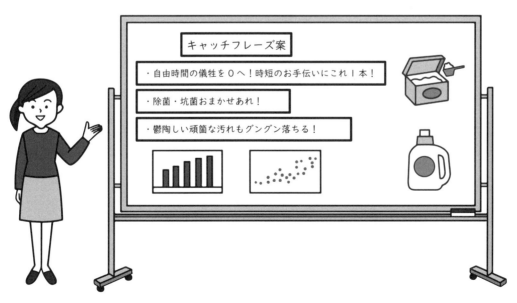

4 ▸ 見つける

同じ絵はどれ？

●子どもにつけて欲しい力

　複数の絵の中から 2 枚の同じ絵を見つけ出すことで、視覚情報の共通点や相違点を把握する力や観察力を養います。

●進め方

　複数の絵の中にまったく同じ絵が 2 枚あります。その 2 枚を見つけ、（　　　）に番号を書いてもらいます。

●ポイント

・違いは漢字だけではないので絵全体を見てみましょう。

・ある 2 枚の絵を比べ、その中で一つの違いを見つけると、少なくともどちらかの絵が間違っていることになります。さらに、それぞれの 2 枚が他の絵と違いはないかという具合に順に比べていくといいでしょう。

・他の絵との違いを○で囲んでいくと、候補を減らすことができ、より容易になります。

・明らかに違う絵（例えば右の例では、⑥の「惨」の漢字）を見つけ、○をつけて、見つける対象となる絵をいかに減らしていくかが大切です。

●留意点

・最初から 2 枚をやみくもに見つけようとすると、混乱して時間もかかります。効率よく探すにはどうすればいいか、方略を考えさせるといいでしょう。

・時間内にできない子どもがいても終わりの会までに見つけるなど、能力に応じて答えを伝えるよう配慮してあげましょう。

例

同じ絵はどれ　1

下の 8 枚の絵の中から、同じ絵を 2 枚選びましょう。ちがいは漢字だけではありません。

同じ絵は　④　と　⑧

同じ絵はどれ・1

下の8枚の絵の中から、同じ絵を2枚選びましょう。ちがいは漢字だけ
ではありません。

①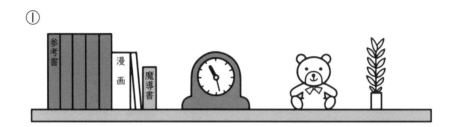

②

③

④

⑤

⑥

⑦

⑧

同じ絵は [　　　] と [　　　]

同じ絵はどれ ・2

①

②

③

④

⑤

⑥

⑦

⑧

同じ絵は 〔　　　〕 と 〔　　　〕

同じ絵はどれ ▶3

下の8枚の絵の中から、同じ絵を2枚選びましょう。ちがいは漢字だけ
ではありません。

①

②

③

④

⑤

⑥

⑦

⑧

同じ絵は 〔　　　　　〕 と 〔　　　　　〕

下の 8 枚の絵の中から、同じ絵を 2 枚選びましょう。ちがいは漢字だけ
ではありません。

① 発表会のマナー

妨害行為の禁止　　電源 OFF　　心のこもった拍手を

②発表会のヌナー

坊害行為の禁止　　電源 OFF　　心のこもった拍手を

③ 発表会のマナー

妨害行為の禁止　　電源 OFF　　心のこもった伯手を

④発表会のヌナー

坊害行為の許可　　電源 OFF　　心のこもった拍手を

⑤ 発表会でのマナー

坊害行為の許可　　電原 OFF　　心のこもった拍手を

⑥発表会のマナー

妨害行為の禁止　　電源 OFF　　心のこもった拍手を

⑦ 発表会でのマナー

妨害行為の許可　　電原 OFF　　心のこもった伯手を

⑧発表会でのマナー

坊害行為の禁止　　電源 OFF　　心のこもった拍手を

同じ絵は 〔　　　〕 と 〔　　　〕

回転漢字

●**子どもにつけて欲しい力**

形を心の中で回転させ、正しい組み合わせを見つけていくことで図形の方向弁別や方向の類同視の力を養っていきます。

●**進め方**

左右にバラバラに並べられた漢字の部品を線でつないで正しい漢字を作り、下の枠の中に書きます。複数の漢字が作れても部品が余らない組み合わせを選びます。

●**ポイント**

・先にやさしい組み合わせを見つけて、使ったものに×をつけて消していくと組み合わせが減りますのでより簡単に見つけやすくなります。（1組見つけると残りの組み合わせは24通り、2組見つけると残りの組み合わせは6通りになります）

●**留意点**

・この課題が難しく感じるようであれば支援者が部品だけ正しい方向に回転させて横に書いてあげ正しい組み合わせを選んでもらってもいいでしょう。

・漢字を習っていない場合は、最初から枠の中に正しい漢字を書いておき、それらの漢字を作るための正しい組み合わせを選んで線でつなぐところから始めてもいいでしょう。

・それでも難しければもっとやさしい課題から取り組ませましょう。（「コグトレ　みる・きく・想像するための認知機能強化トレーニング」回転パズル①（三輪書店）など）。

例

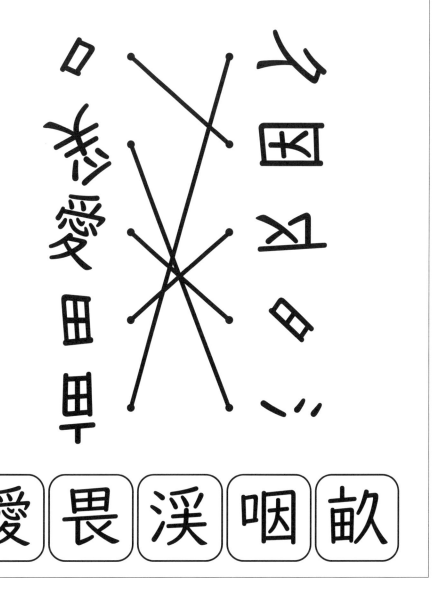

回転漢字　●1

左右にある漢字の一部を組み合わせると、1つの漢字ができあがります。
線で結び、できた漢字を下に書きましょう。

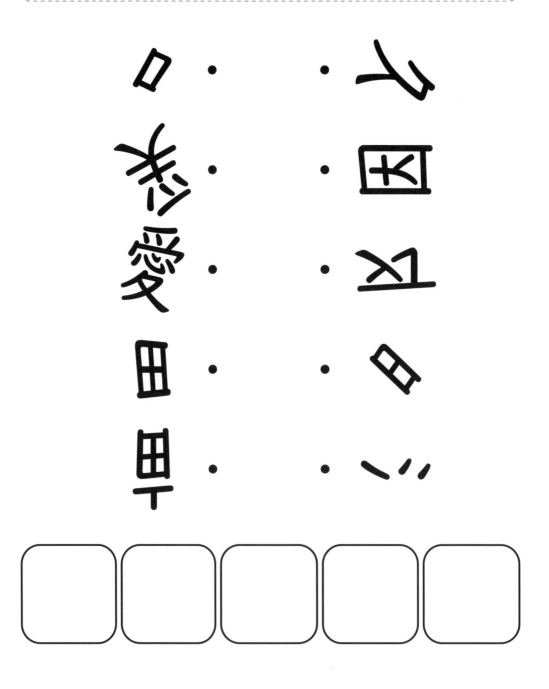

回転漢字　2

左右にある漢字の一部を組み合わせると、1つの漢字ができあがります。
線で結び、できた漢字を下に書きましょう。

回転漢字　⊷3

左右にある漢字の一部を組み合わせると、1つの漢字ができあがります。
線で結び、できた漢字を下に書きましょう。

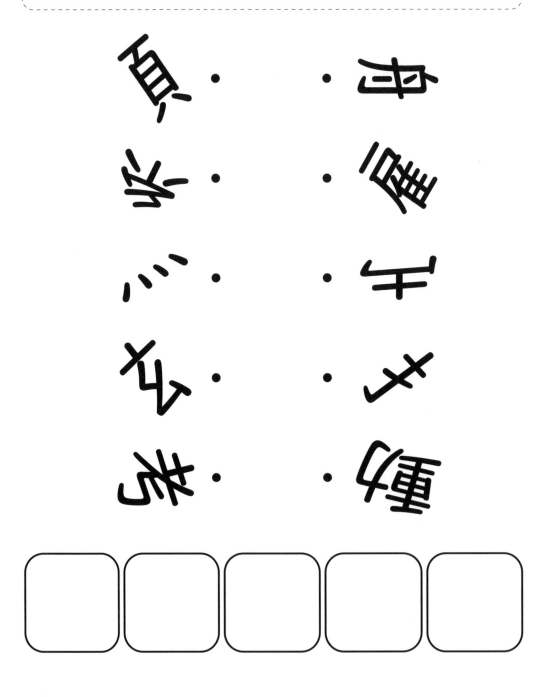

回転漢字　4

左右にある漢字の一部を組み合わせると、1つの漢字ができあがります。
線で結び、できた漢字を下に書きましょう。

回転漢字　5

左右にある漢字の一部を組み合わせると、1つの漢字ができあがります。
線で結び、できた漢字を下に書きましょう。

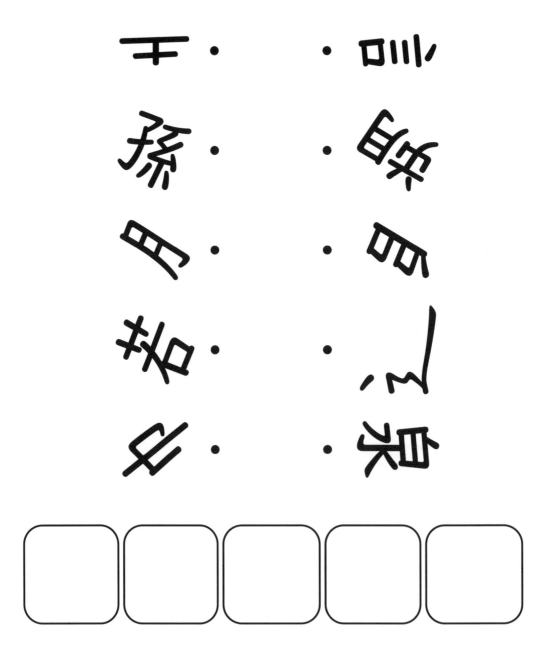

回転漢字　◦6

左右にある漢字の一部を組み合わせると、1つの漢字ができあがります。
線で結び、できた漢字を下に書きましょう。

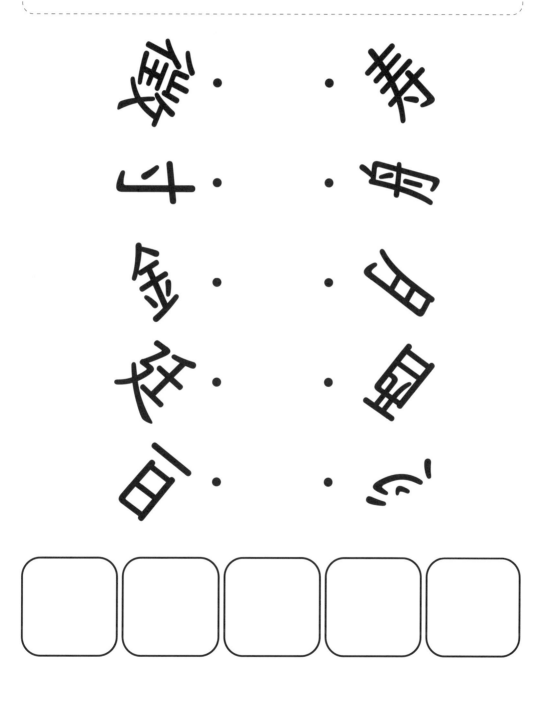

回転漢字　●7

左右にある漢字の一部を組み合わせると、1つの漢字ができあがります。
線で結び、できた漢字を下に書きましょう。

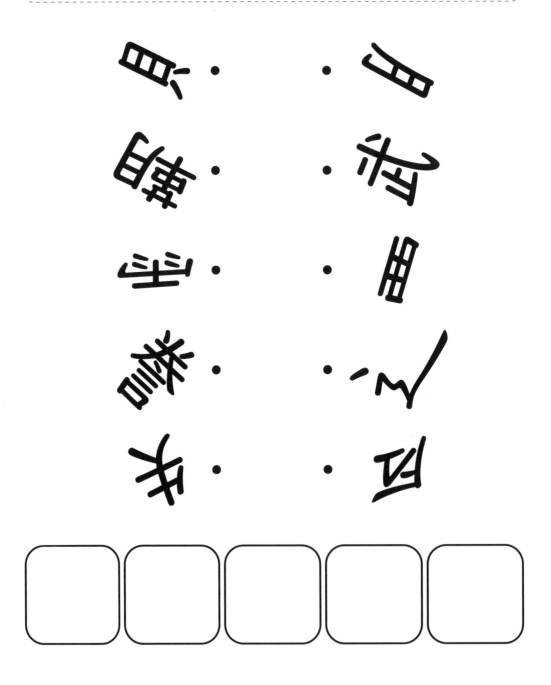

回転漢字　8

左右にある漢字の一部を組み合わせると、１つの漢字ができあがります。
線で結び、できた漢字を下に書きましょう。

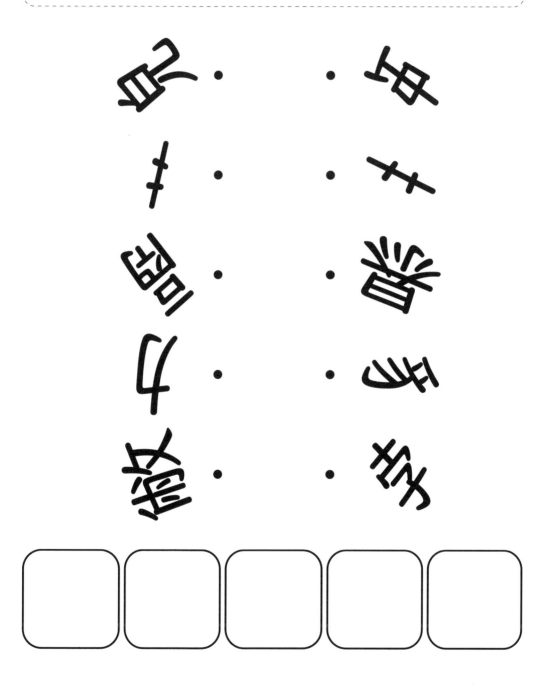

5 想像する

5 ▶ 想像する
スタンプ漢字

●子どもにつけて欲しい力
　スタンプを押すとどうなるかを考えることで鏡像をイメージする力や論理性を養います。

●進め方
　上のスタンプを押すと、下のうちどれになるかを想像して（　　　）に正しい番号を書きます。

●ポイント
・スタンプは元の図の鏡像になりますので、分からなければ上のスタンプの横に実際に鏡を置いて確認させましょう。
・下の選択肢の中から明らかに違うと思われる漢字に×をつけて消していくと考えやすくなります。

●留意点
・スタンプから直接、何の漢字かが分かれば鏡像をイメージしなくても正しい答えを選べますが、複雑になってくると難しくなりますのでできるだけ形から考えるよう促しましょう。
・まだスタンプの漢字を習っていなければ難しく感じるかもしれません。もしこの課題が難しようであれば、もっとやさしい課題から取り組ませましょう。（「やさしいコグトレ　認知機能強化トレーニング」スタンプ（三輪書店）など）。

例

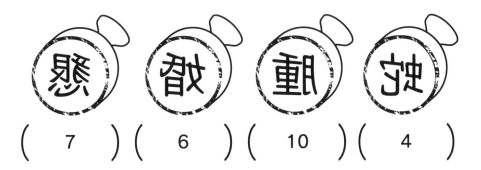

スタンプ漢字 ▸1

上のスタンプを紙におすと出てくる漢字はどれか、下の選択肢（せんたくし）の中から選んで（　）に番号を書きましょう。

（　7　）（　6　）（　10　）（　4　）

① 輀　② 燃　③ 歘　④ 蛇

⑤ 憧　⑥ 婚　⑦ 懇　⑧ 扣

⑨ 垯　⑩ 腫　⑪ 懸　⑫ 蛻

スタンプ漢字 1

上のスタンプを紙におすと出てくる漢字はどれか、下の選択肢の中から選んで（　　）に番号を書きましょう。

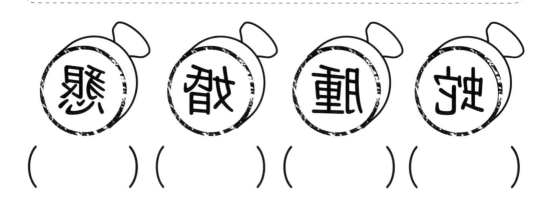

（　　　）（　　　　）（　　　）（　　　　）

① 郵　　② 燃　　③ 敞　　④ 蛇

⑤ 憧　　⑥ 婚　　⑦ 懇　　⑧ 加

⑨ 技　　⑩ 腫　　⑪ 懸　　⑫ 突

スタンプ漢字 ・2

上のスタンプを紙におすと出てくる漢字はどれか、下の選択肢の中から
選んで（　　）に番号を書きましょう。

スタンプ漢字 3

上のスタンプを紙におすと出てくる漢字はどれか、下の選択肢の中から選んで（　　）に番号を書きましょう。

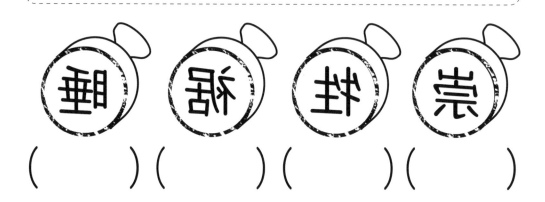

（　　）（　　）（　　）（　　）

① 睡　　② 崇　　③ 性　　④ 裾

⑤ 祥　　⑥ 睡　　⑦ 封　　⑧ 嵐

⑨ 牲　　⑩ 裾　　⑪ 崇　　⑫ 睡

スタンプ漢字 4

上のスタンプを紙におすと出てくる漢字はどれか、下の選択肢の中から
選んで（　　）に番号を書きましょう。

（　　）（　　）（　　）（　　）

① 隻　② 槲　③ 胚　④ 繊

⑤ 鐩　⑥ 租　⑦ 裏　⑧ 曽

⑨ 曹　⑩ 叟　⑪ 織　⑫ 粗

スタンプ漢字 5

上のスタンプを紙におすと出てくる漢字はどれか、下の選択肢の中から選んで（　　）に番号を書きましょう。

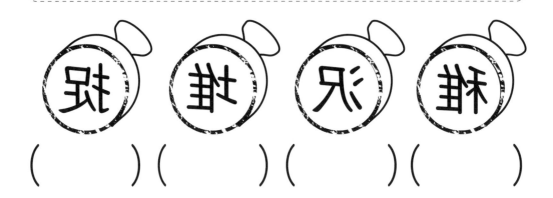

（　　）（　　）（　　）（　　）

① 兆　② 稚　③ 趴　④ 堆

⑤ 捉　⑥ 堆　⑦ 択　⑧ 棘

⑨ 沢　⑩ 稚　⑪ 跳　⑫ 捗

スタンプ漢字 6

上のスタンプを紙におすと出てくる漢字はどれか、下の選択肢（せんたくし）の中から選んで（　　）に番号を書きましょう。

（　　）（　　）（　　）（　　）

① 濫　② 寮　③ 亰　④ 累

⑤ 塁　⑥ 蘊　⑦ 療　⑧ 柬

⑨ 衷　⑩ 僚　⑪ 藍　⑫ 塋

スタンプ漢字 7

上のスタンプを紙におすと出てくる漢字はどれか、下の選択肢の中から選んで（　　）に番号を書きましょう。

（　　）（　　）（　　）（　　）

① 禍　② 概　③ 韻　④ 𣇄

⑤ 禍　⑥ 𣇄　⑦ 𣃩　⑧ 䪳

⑨ 韻　⑩ 慨　⑪ 𣃩　⑫ 謁

スタンプ漢字　8

上のスタンプを紙におすと出てくる漢字はどれか、下の選択肢（せんたくし）の中から選んで（　　）に番号を書きましょう。

（　　　）（　　　）（　　　）（　　　）

① 朗　② 倹　③ 葛　④ 欺

⑤ 欵　⑥ 葛　⑦ 釼　⑧ 朗

⑨ 葛　⑩ 祺　⑪ 釼　⑫ 郎

心で回転

●子どもにつけて欲しい力

対象物を違った方向から見たらどう見えるかを想像することで心的回転の力や相手の立場になって考える力を養います。

●進め方

上段の動物たちとあなたに囲まれた机の上に置かれた漢字は、周りの動物から見たらどう見えるかを想像して正しい組み合わせを考え線でつなぎます。

●ポイント

・子どもが問題の意図をイメージできなければ、実際に紙に漢字を書いて机に置き、動物と同じ位置に動いてもらって確かめさせるといいでしょう。

・選択肢の漢字を回転させても正しい漢字にならないものもありますので、そこから明らかに違うものを除外できます。

●留意点

・回転する角度（サルやトリは90度でネコは180度）が大きいほど難易度は高くなりますので、正面のネコよりもサルやトリからイメージした方がわかりやすいでしょう。

・この課題が難しければ、もっとやさしい課題から取り組ませましょう。（「コグトレ　みる・きく・想像するための認知機能強化トレーニング」心で回転①（三輪書店）など）。

例

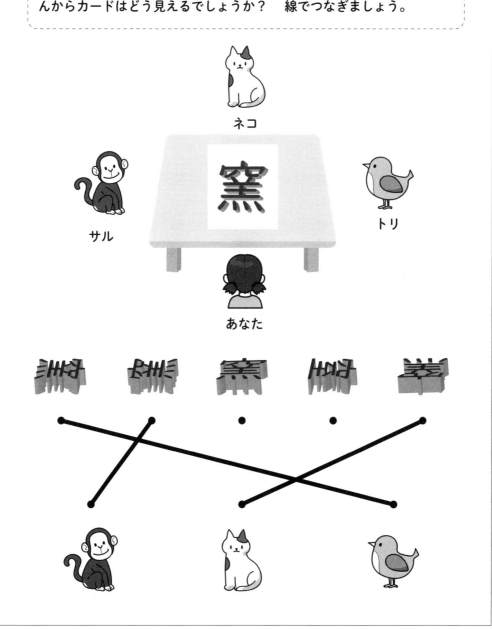

心で回転　1

あなたの前に、漢字のカードがあります。サルさん、トリさん、ネコさんからカードはどう見えるでしょうか？　線でつなぎましょう。

心で回転　1

あなたの前に、漢字のカードがあります。サルさん、トリさん、ネコさんからカードはどう見えるでしょうか？　線でつなぎましょう。

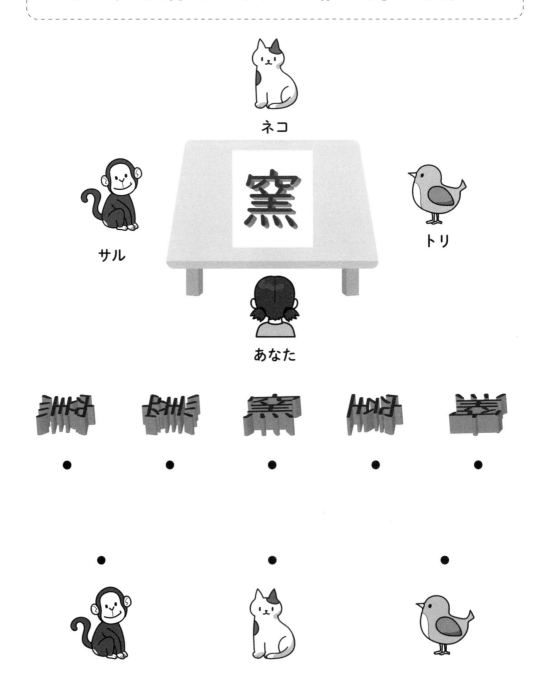

心で回転　2

あなたの前に、漢字のカードがあります。サルさん、トリさん、ネコさんからカードはどう見えるでしょうか？　線でつなぎましょう。

心で回転　◀3

あなたの前に、漢字のカードがあります。サルさん、トリさん、ネコさんからカードはどう見えるでしょうか？　線でつなぎましょう。

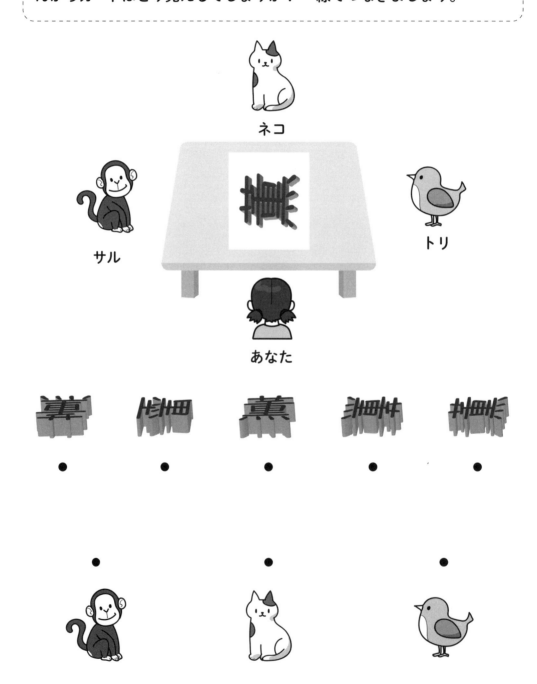

心で回転　4

あなたの前に、漢字のカードがあります。サルさん、トリさん、ネコさんからカードはどう見えるでしょうか？　線でつなぎましょう。

心で回転　5

あなたの前に、漢字のカードがあります。サルさん、トリさん、ネコさんからカードはどう見えるでしょうか？　線でつなぎましょう。

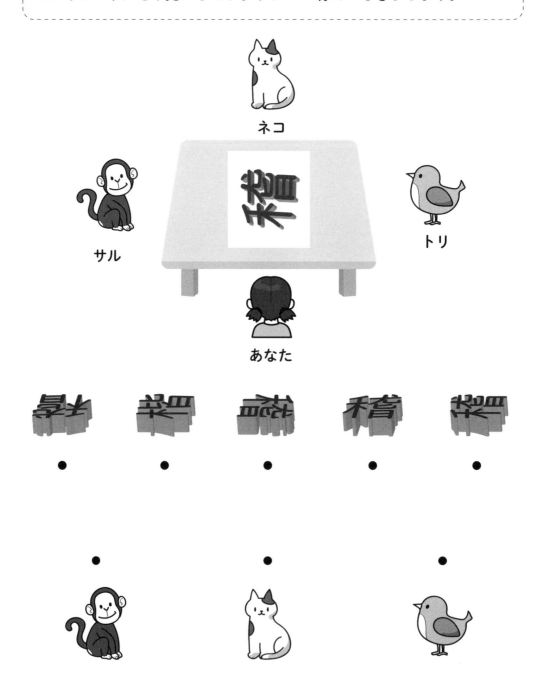

心で回転　6

あなたの前に、漢字のカードがあります。サルさん、トリさん、ネコさんからカードはどう見えるでしょうか？　線でつなぎましょう。

心で回転　7

あなたの前に、漢字のカードがあります。サルさん、トリさん、ネコさんからカードはどう見えるでしょうか？　線でつなぎましょう。

心で回転　8

あなたの前に、漢字のカードがあります。サルさん、トリさん、ネコさんからカードはどう見えるでしょうか？　線でつなぎましょう。

順位決定戦

●子どもにつけて欲しい力
複数の関係性を比較し理解する力を養います。

●進め方
複数の表彰台の順位から熟語の総合順位を考え、答えを漢字に直して書いていきます。

●ポイント
・まず全体で一番のものを見つけましょう。その次は二番になるもの、その次は三番……と順に探していくと見つけやすくなります。
・いきなり順位を漢字で書くのが難しければ先に平仮名を漢字に直して横に書くか、下の順位の横に平仮名を書いてから正解を（　　　）に書いてもらいましょう。

●留意点
・熟語が書けることも大切ですが、ここでは順位を考えることが目的ですので、なぜそうなるのか理解できることを重視しましょう。
・漢字が分からなくても順番が分かれば（　　）には平仮名を書いてもらってこの課題の理解度を判断しましょう。
・この課題が難しければ、もっとやさしい課題から取り組ませましょう。（「コグトレ　みる・きく・想像するための認知機能強化トレーニング」順位決定戦①（三輪書店）など）。

例

順位決定戦 1

熟語さんたちは、かけっこが速い順に表しょう台にならんでいます。下の（　）の順番通りに、熟語さんたちの名前を漢字で書きましょう。

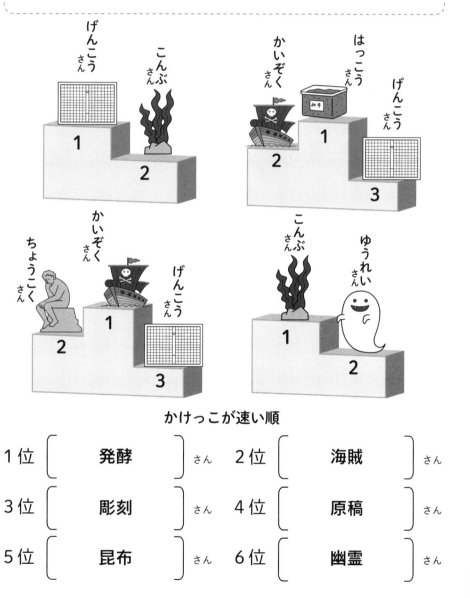

かけっこが速い順

1位	発酵	さん	2位	海賊	さん
3位	彫刻	さん	4位	原稿	さん
5位	昆布	さん	6位	幽霊	さん

順位決定戦　1

熟語さんたちは、かけっこが速い順に表しょう台にならんでいます。下の（　）の順番通りに、熟語さんたちの名前を漢字で書きましょう。

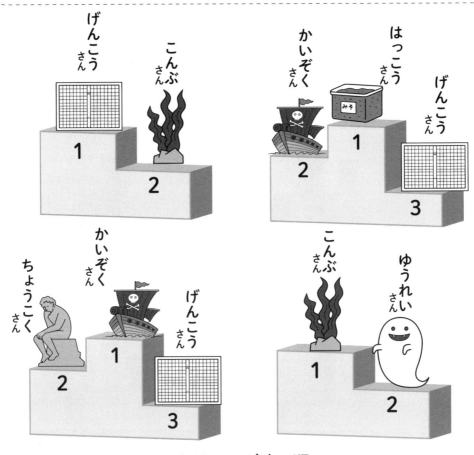

かけっこが速い順

1位 [　　　　　　　　] さん　　2位 [　　　　　　　　] さん

3位 [　　　　　　　　] さん　　4位 [　　　　　　　　] さん

5位 [　　　　　　　　] さん　　6位 [　　　　　　　　] さん

順位決定戦　2

熟語さんたちは、かけっこが速い順に表しょう台にならんでいます。下の（　）の順番通りに、熟語さんたちの名前を漢字で書きましょう。

かけっこが速い順

1位 [　　　　　　　] さん　　2位 [　　　　　　　] さん

3位 [　　　　　　　] さん　　4位 [　　　　　　　] さん

5位 [　　　　　　　] さん　　6位 [　　　　　　　] さん

順位決定戦 ●3

> 熟語さんたちは、かけっこが速い順に表しょう台にならんでいます。下の（　）の順番通りに、熟語さんたちの名前を漢字で書きましょう。

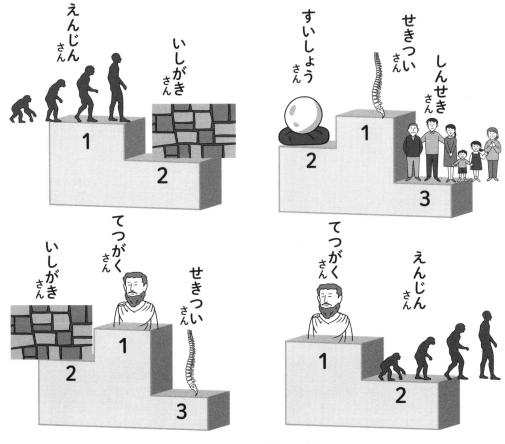

かけっこが速い順

1位 [　　　　　　　] さん　　2位 [　　　　　　　] さん

3位 [　　　　　　　] さん　　4位 [　　　　　　　] さん

5位 [　　　　　　　] さん　　6位 [　　　　　　　] さん

順位決定戦 ・4

熟語さんたちは、かけっこが速い順に表しょう台にならんでいます。下の（　）の順番通りに、熟語さんたちの名前を漢字で書きましょう。

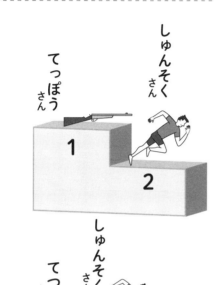

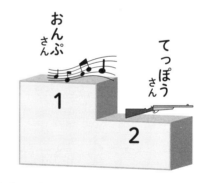

かけっこが速い順

1位 ［　　　　　　　　　］さん　　2位 ［　　　　　　　　　］さん

3位 ［　　　　　　　　　］さん　　4位 ［　　　　　　　　　］さん

5位 ［　　　　　　　　　］さん　　6位 ［　　　　　　　　　］さん

順位決定戦　5

熟語さんたちは、かけっこが速い順に表しょう台にならんでいます。下の（　）の順番通りに、熟語さんたちの名前を漢字で書きましょう。

かけっこが速い順

1位 〔　　　　　　　〕さん　　2位 〔　　　　　　　〕さん

3位 〔　　　　　　　〕さん　　4位 〔　　　　　　　〕さん

5位 〔　　　　　　　〕さん　　6位 〔　　　　　　　〕さん

順位決定戦　6

熟語さんたちは、かけっこが速い順に表しょう台にならんでいます。下の（　）の順番通りに、熟語さんたちの名前を漢字で書きましょう。

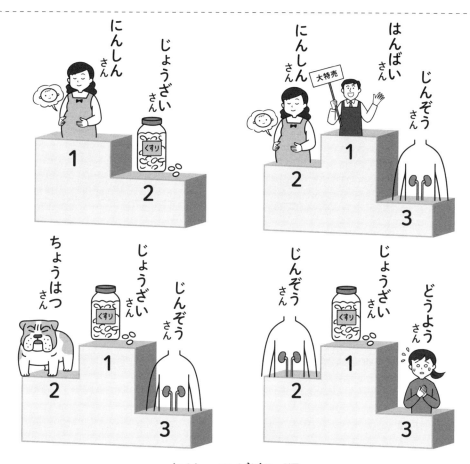

かけっこが速い順

1位 [　　　　　] さん　　2位 [　　　　　] さん

3位 [　　　　　] さん　　4位 [　　　　　] さん

5位 [　　　　　] さん　　6位 [　　　　　] さん

順位決定戦　7

熟語さんたちは、かけっこが速い順に表しょう台にならんでいます。下の（　）の順番通りに、熟語さんたちの名前を漢字で書きましょう。

かけっこが速い順

1位 [　　　　　　] さん	2位 [　　　　　　] さん
3位 [　　　　　　] さん	4位 [　　　　　　] さん
5位 [　　　　　　] さん	6位 [　　　　　　] さん

順位決定戦　8

熟語さんたちは、かけっこが速い順に表しょう台にならんでいます。下の（　）の順番通りに、熟語さんたちの名前を漢字で書きましょう。

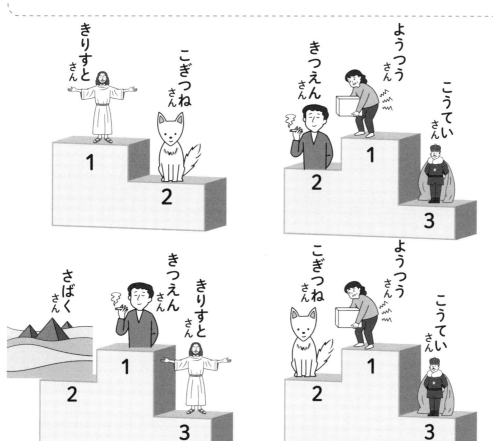

かけっこが速い順

1位 [　　　　　　　] さん　　2位 [　　　　　　　] さん

3位 [　　　　　　　] さん　　4位 [　　　　　　　] さん

5位 [　　　　　　　] さん　　6位 [　　　　　　　] さん

5 ▶ 想像する

物語づくり

●**子どもにつけて欲しい力**

　断片的な情報から全体を想像する力やストーリーを想像しながら文章を作成する力を養っていきます。

●**進め方**

　イラストとともに8つの提示された言葉を漢字に直し、その漢字を使って自由に短い物語を作ってもらいます。出来たらその物語にタイトルをつけてもらいます。

●**ポイント**

・平仮名だけでは迷う漢字（例えば右の例では"とくちょう"＝特徴、特長など）はイラストを見て考えてもらいましょう。

・もし使う漢字が書けなければ平仮名のままで物語を作ってもらいましょう。

●**留意点**

・漢字がしっかり書けていることも大切ですがここでは文章を作成する力を養うことが目的ですので、文の構成がきちんと出来ているかを確認しましょう（この問題には解答はありません）。

・この課題が難しければ、もっとやさしい課題から取り組ませましょう。（「コグトレ　みる・きく・想像するための認知機能強化トレーニング」物語つくり（三輪書店）など）。

例

物語つくり　1

「きゅうけい」「ひしょち」「はながら」「とくちょう」「しんせん」「つばさ」「ふたご」「とちゅう」の8つの漢字を使って短い物語を作ってみましょう。題名もつけましょう。

きゅうけい　　ひしょち　　はながら　　とくちょう

しんせん　　つばさ　　ふたご　　とちゅう

題名　[　　夏休みのとある一日　　]

（例）双子の兄と一緒に避暑地に行きました。

兄は花柄が特徴の服を着ています。

歩いて向かう途中、つかれたので2回休憩をしました。翼があれば飛んで行けたのにな。

到着後に食べた野菜は新鮮でおいしかったです。

物語つくり　1

「きゅうけい」「ひしょち」「はながら」「とくちょう」「しんせん」「つばさ」「ふたご」「とちゅう」の８つの漢字を使って短い物語を作ってみましょう。題名もつけましょう。

きゅうけい　　ひしょち　　はながら　　とくちょう

しんせん　　つばさ　　ふたご　　とちゅう

題名 〔　　　　　　　　　　　　　　　　　〕

物語つくり　2

「けいたい」「こうにゅう」「しもん」「さぎ」「ごうか」「いしうす」「いろり」「しょうかい」の 8 つの漢字を使って短い物語を作ってみましょう。題名もつけましょう。

けいたい　　こうにゅう　　しもん　　さぎ

ごうか　　いしうす　　いろり　　しょうかい

題名 [　　　　　　　　　　　　　　　　　　　　　　　　　　　]

物語つくり ‑3

「ふろ」「えんせい」「そうだい」「ぼうけん」「せんとう」「くじょ」「がいこつ」「ていせい」の 8 つの漢字を使って短い物語を作ってみましょう。題名もつけましょう。

ふろ　　えんせい　　そうだい　　ぼうけん

せんとう　　くじょ　　がいこつ　　ていせい

題名 [　　　　　　　　　　　　　　]

物語つくり　4

「けんしん」「ひょうか」「じごくみみ」「なみだ」「きれい」「ぶよう」「しぼう」
「かぜ」の 8 つの漢字を使って短い物語を作ってみましょう。題名もつ
けましょう。

けんしん　　ひょうか　　じごくみみ　　なみだ

きれい　　　ぶよう　　　しぼう　　　　かぜ

題名

物語つくり　5

「かんとく」「びょうしゃ」「けいやく」「かのじょ」「ゆうれい」「おうえん」「けっさく」「せいしょう」の 8 つの漢字を使って短い物語を作ってみましょう。題名もつけましょう。

かんとく　　びょうしゃ　　けいやく　　かのじょ

ゆうれい　　おうえん　　けっさく　　せいしょう

題名 [　　　　　　　　　　　　　　　　　　　　　]

物語つくり　6

「たいそうふく」「ひょうはく」「こんだて」「きんぎょばち」「せんい」「おおざっぱ」「はれつ」「ゆせん」の 8 つの漢字を使って短い物語を作ってみましょう。題名もつけましょう。

たいそうふく　　ひょうはく　　こんだて　　きんぎょばち

せんい　　おおざっぱ　　はれつ　　ゆせん

題名 [　　　　　　　　　　　　　　　　　　]

物語つくり　7

「ふつうしゃ」「ていきょう」「せんたく」「おおつぶ」「こもりうた」「けんきょ」「ぼきん」「みずがめ」の 8 つの漢字を使って短い物語を作ってみましょう。題名もつけましょう。

| ふつうしゃ | ていきょう | せんたく | おおつぶ |
| こもりうた | けんきょ | ぼきん | みずがめ |

題名 [　　　　　　　　　　　　　　　]

物語つくり　8

「せいりょう」「ひめ」「ぼうし」「げんがっき」「せんこう」「となり」「かもく」「かぶき」の 8 つの漢字を使って短い物語を作ってみましょう。題名もつけましょう。

せいりょう　　ひめ　　ぼうし　　げんがっき

せんこう　　となり　　かもく　　かぶき

題名

解答編

●数える

【漢字数え】

① 25個　② 45個
③ 43個　④ 38個
⑤ 37個　⑥ 37個
⑦ 28個　⑧ 30個
⑨ 28個　⑩ 35個
⑪ 30個　⑫ 34個

【漢字算】

① 32（ 宛 ）
　 38（ 虹 ）
　 42（ 驚 ）（ 忍 ）（ 侍 ）
　 45（ 刑 ）（ 脅 ）
　 46（ 珍 ）（ 蛍 ）（ 吉 ）
　 48（ 肝 ）
② 51（ 幾 ）（ 瞭 ）
　 52（ 偶 ）（ 遇 ）（ 妙 ）
　 53（ 蛮 ）
　 54（ 鼓 ）（ 敢 ）（ 範 ）
③ 10（ 墜 ）
　 11（ 魅 ）
　 12（ 搬 ）（ 奨 ）
　 13（ 絡 ）
　 14（ 憶 ）（ 廊 ）
　 15（ 漫 ）
④ 32（ 桁 ）（ 憎 ）
　 33（ 尋 ）
　 34（ 促 ）（ 弾 ）
　 35（ 伏 ）
　 36（ 鈍 ）（ 兼 ）

⑤ 25（ 込 ）（ 但 ）
　 26（ 詠 ）（ 粘 ）
　 27（ 迫 ）（ 砕 ）
　 28（ 蓄 ）（ 致 ）
⑥ 42（ 締 ）（ 罰 ）
　 44（ 圏 ）
　 45（ 脂 ）（ 惑 ）（ 拒 ）
　　（ 茎 ）
　 48（ 及 ）（ 脚 ）（ 択 ）
　 49（ 傾 ）（ 虚 ）（ 斤 ）
⑦ 27（ 鍵 ）（ 駐 ）
　 28（ 朱 ）（ 互 ）（ 倒 ）
　 30（ 施 ）（ 泊 ）（ 荘 ）
　 32（ 濃 ）（ 唐 ）（ 匂 ）
　　（ 惑 ）
⑧ 21（ 繁 ）（ 磨 ）
　 22（ 慰 ）（ 滅 ）
　 23（ 柔 ）（ 縫 ）
　 24（ 陳 ）（ 噴 ）
⑨ 17（ 疎 ）
　 18（ 軸 ）（ 旦 ）（ 更 ）
　 19（ 絞 ）（ 亭 ）
　 20（ 甲 ）
　 21（ 眉 ）（ 尻 ）（ 渇 ）
　　（ 杯 ）
⑩ 38（ 奴 ）（ 頃 ）
　 39（ 恥 ）
　 40（ 輩 ）
　 41（ 彩 ）（ 伴 ）
　 42（ 穂 ）（ 眺 ）（ 廃 ）
⑪ 20（ 匹 ）（ 浜 ）
　 21（ 串 ）（ 偏 ）

23 （ 縁 ）（ 恵 ）（ 籍 ）
　　（ 牙 ）（ 貫 ）

24 （ 企 ）（ 稼 ）（ 忙 ）
　　（ 肌 ）（ 荒 ）

26 （ 為 ）（ 卓 ）（ 践 ）

27 （ 酔 ）（ 陰 ）

⑫ 12 （ 濃 ）（ 鉛 ）（ 枠 ）
　　（ 緩 ）（ 軒 ）

13 （ 尾 ）（ 猫 ）（ 獲 ）
　　（ 狙 ）（ 丼 ）（ 漬 ）

14 （ 継 ）（ 衰 ）

16 （ 娘 ）（ 甚 ）（ 謡 ）
　　（ 症 ）（ 詳 ）

18 （ 突 ）（ 妖 ）

●見つける

【回転漢字】（順不同）

① 曖、畏、渓、咽、歓
② 架、嫁、拐、敢、暁
③ 勲、舷、顧、拷、索
④ 撃、諮、需、庶、嘱
⑤ 帥、腺、塑、遜、諾
⑥ 胆、耐、鋳、懲、艇
⑦ 迭、膳、覇、賦、零
⑧ 蔽、慕、貌、勃、融

●想像する

【スタンプ漢字】

① （⑦）（⑥）（⑩）（④）
② （⑩）（⑫）（④）（③）
③ （⑥）（④）（⑨）（⑪）
④ （①）（④）（⑥）（⑨）
⑤ （⑤）（④）（⑨）（②）
⑥ （⑨）（⑪）（⑩）（⑫）
⑦ （③）（⑫）（⑤）（②）

⑧ （⑨）（④）（⑫）（②）

【順位決定戦】

① 1位（発酵）2位（海賊）
　 3位（彫刻）4位（原稿）
　 5位（昆布）6位（幽霊）
② 1位（椅子）2位（貝殻）
　 3位（患者）4位（沸騰）
　 5位（抹茶）6位（審判）
③ 1位（哲学）2位（猿人）
　 3位（石垣）4位（脊椎）
　 5位（水晶）6位（親戚）
④ 1位（音符）2位（鉄砲）
　 3位（俊足）4位（徹夜）
　 5位（盆栽）6位（距離）
⑤ 1位（玄米）2位（玩具）
　 3位（凹凸）4位（監督）
　 5位（化粧）6位（狩猟）
⑥ 1位（販売）2位（妊娠）
　 3位（錠剤）4位（挑発）
　 5位（腎臓）6位（動揺）
⑦ 1位（奇妙）2位（奴隷）
　 3位（水仙）4位（和尚）
　 5位（海亀）6位（陶芸）
⑧ 1位（腰痛）2位（喫煙）
　 3位（砂漠）4位（基督）
　 5位（子狐）6位（皇帝）

【さがし算】

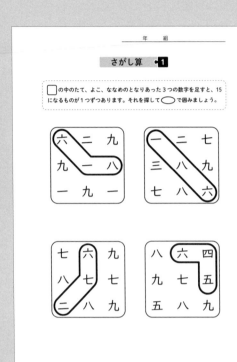

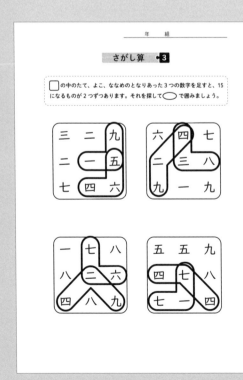

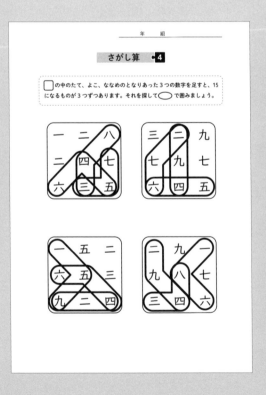

さがし算 ●5

□ の中のたて、よこ、ななめのとなりあった3つの数字を足すと、15になるものが1つずつあります。それを探して ◯ で囲みましょう。

```
五 七 九 五
七 五 四 八
四 八 七 一
一 八 四 八
```

```
九 八 九 四
七 五 八 五
八 六 九 七
四 九 八 二
```

さがし算 ●6

□ の中のたて、よこ、ななめのとなりあった3つの数字を足すと、16になるものが1つずつあります。それを探して ◯ で囲みましょう。

```
一 三 四 三
二 三 二 四
七 四 二 五
五 二 四 五
```

```
八 九 八 七
二 七 九 九
四 九 八 五
七 六 九 三
```

さがし算 ●7

□ の中のたて、よこ、ななめのとなりあった3つの数字を足すと、15になるものが2つずつあります。それを探して ◯ で囲みましょう。

```
九 一 五 四
八 八 七 四
九 五 八 九
五 六 九 五
```

```
八 九 五 七
七 四 九 八
一 七 九 六
五 五 六 五
```

さがし算 ●8

□ の中のたて、よこ、ななめのとなりあった3つの数字を足すと、16になるものが2つずつあります。それを探して ◯ で囲みましょう。

```
五 九 五 二
六 七 八 三
八 八 七 七
五 九 八 四
```

```
二 九 一 二
三 八 二 三
五 七 四 四
一 五 三 一
```

【漢字さがし】

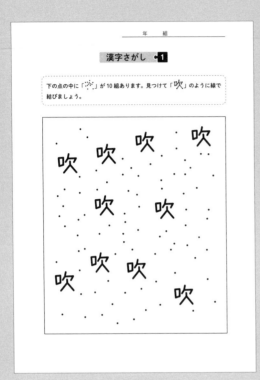

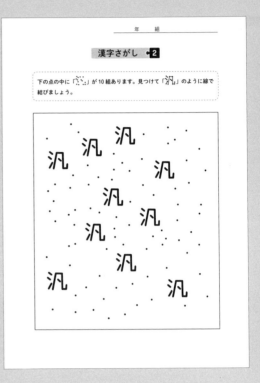

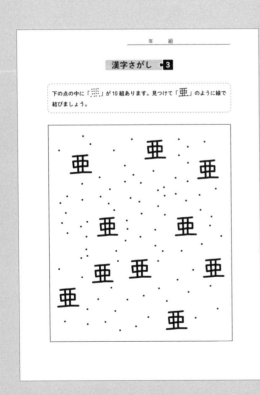

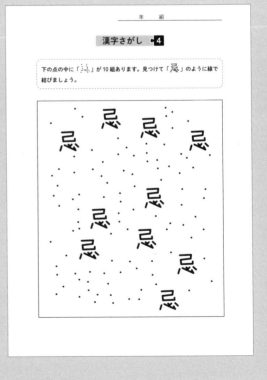

漢字さがし　5

下の点の中に「珠」が10組あります。見つけて「珠」のように線で結びましょう。

漢字さがし　6

下の点の中に「乙」が10組あります。見つけて「乙」のように線で結びましょう。

漢字さがし　7

下の点の中に「刃」が10組あります。見つけて「刃」のように線で結びましょう。

漢字さがし　8

下の点の中に「个」が10組あります。見つけて「个」のように線で結びましょう。

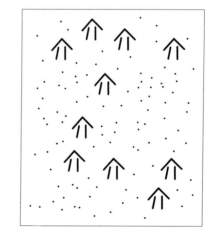

【かさなり漢字】

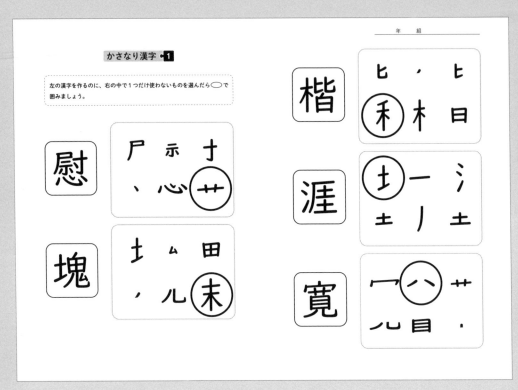

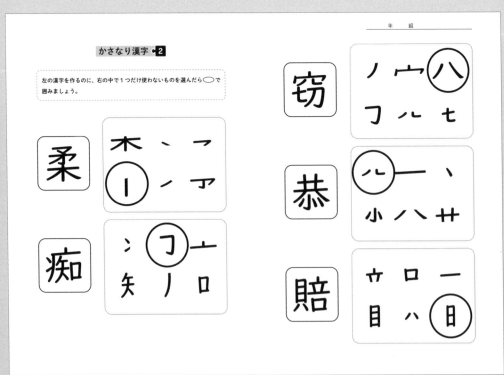

かさなり漢字 ❸

左の漢字を作るのに、右の中で1つだけ使わないものを選んだら◯で囲みましょう。

かさなり漢字 ❹

左の漢字を作るのに、右の中で1つだけ使わないものを選んだら◯で囲みましょう。

【かさなり漢字】

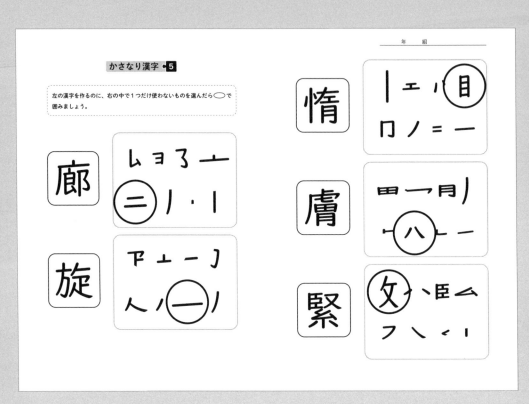

かさなり漢字 ・5

左の漢字を作るのに、右の中で1つだけ使わないものを選んだら◯で囲みましょう。

かさなり漢字 ・6

左の漢字を作るのに、右の中で1つだけ使わないものを選んだら◯で囲みましょう。

かさなり漢字 ▸7

左の漢字を作るのに、右の中で1つだけ使わないものを選んだら◯で囲みましょう。

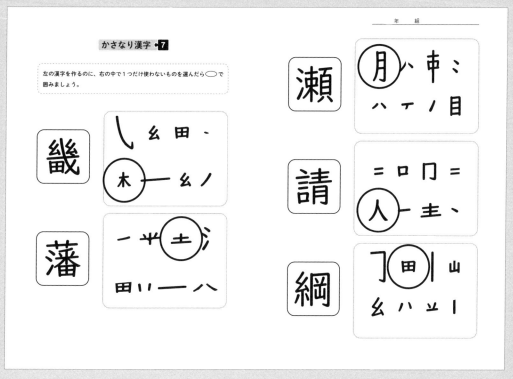

かさなり漢字 ▸8

左の漢字を作るのに、右の中で1つだけ使わないものを選んだら◯で囲みましょう。

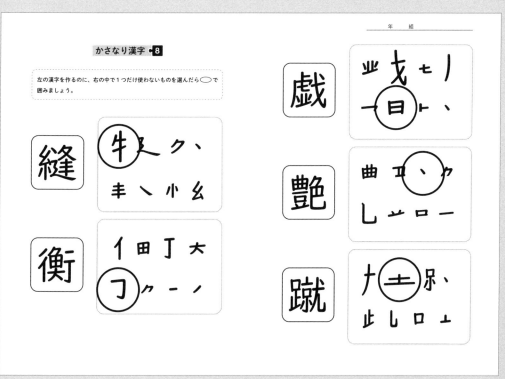

【ちがいはどこ？】

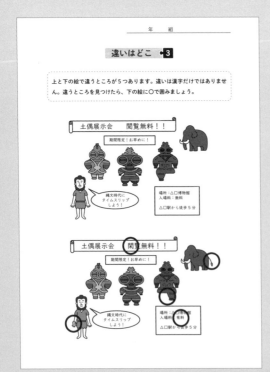

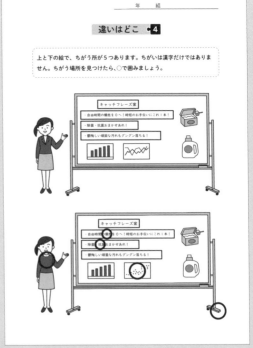

【同じ絵はどれ？】

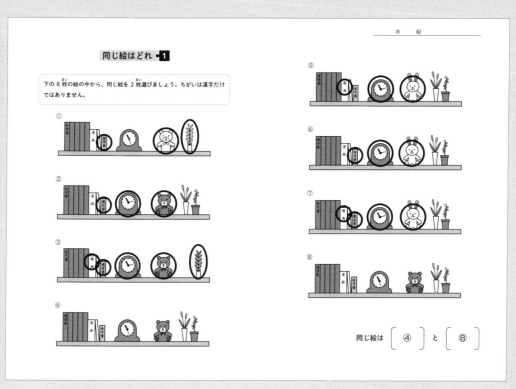

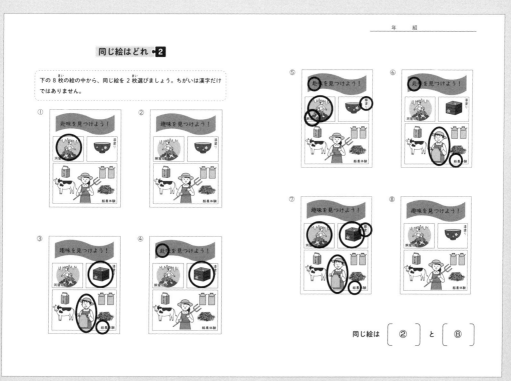

同じ絵はどれ ●3

下の 8 枚の絵の中から、同じ絵を 2 枚選びましょう。ちがいは漢字だけではありません。

同じ絵は 〔 ① 〕 と 〔 ⑦ 〕

同じ絵はどれ ●4

下の 8 枚の絵の中から、同じ絵を 2 枚選びましょう。ちがいは漢字だけではありません。

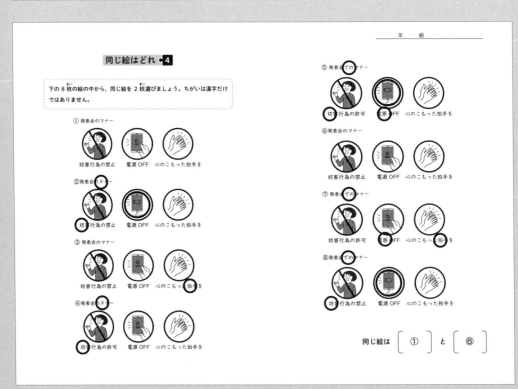

同じ絵は 〔 ① 〕 と 〔 ⑥ 〕

【心で回転】

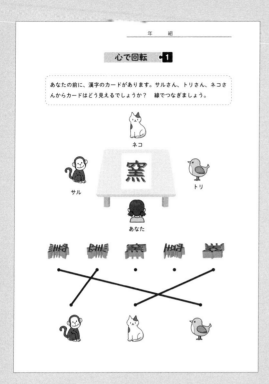

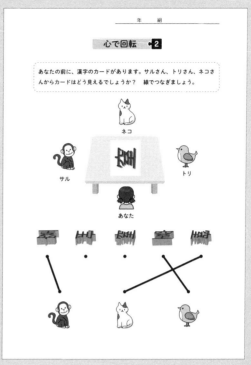

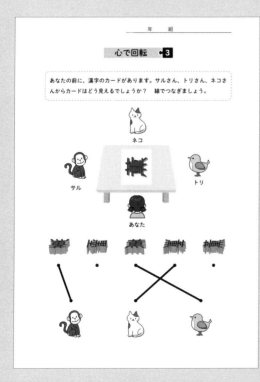

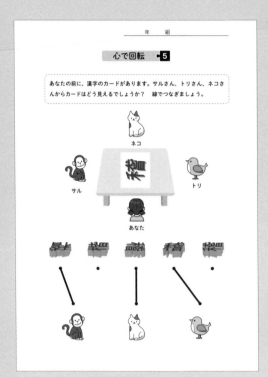

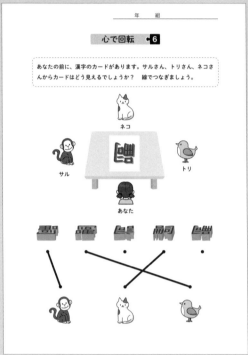

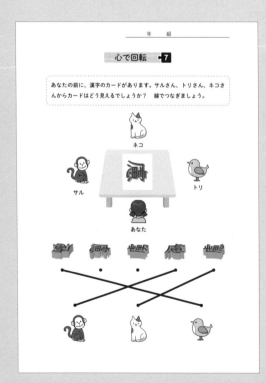

【著者略歴】

宮口　幸治

　立命館大学産業社会学部・大学院人間科学研究科教授。京都大学工学部卒業、建設コンサルタント会社勤務の後、神戸大学医学部医学科卒業。神戸大学医学部附属病院精神神経科、大阪府立精神医療センター・松心園などを勤務の後、法務省宮川医療少年院、交野女子学院医務課長を経て、2016年より現職。医学博士、子どものこころ専門医、日本精神神経学会専門医、臨床心理士、公認心理師。

　児童精神科医として、困っている子どもたちの支援を教育・医療・心理・福祉の観点で行う「コグトレ研究会」を主催し、全国で教員向けに研修を行っている。著書に、『教室の「困っている子ども」を支える7つの手がかり』『性の問題行動をもつ子どものためのワークブック』（以上、明石書店）、『不器用な子どもたちへの認知作業トレーニング』『コグトレ　みる・きく・想像するための認知機能強化トレーニング』『やさしいコグトレ　認知機能トレーニング』（以上、三輪書店）、『1日5分！教室で使えるコグトレ　困っている子どもを支援する認知トレーニング122』『もっとコグトレ さがし算60 初級・中級・上級』『学校でできる！性の問題行動へのケア』（以上、東洋館出版社）、『ケーキの切れない非行少年たち』（新潮社）など。

【執筆協力】

大橋　怜奈	立命館大学産業社会学部人間福祉専攻	
金居　みずき	立命館大学産業社会学部人間福祉専攻	
亀井　菜々	立命館大学産業社会学部人間福祉専攻	
鈴木　亜美奈	立命館大学産業社会学部人間福祉専攻	
東谷　好恵	立命館大学産業社会学部スポーツ社会専攻	
藤井　莉緒	立命館大学産業社会学部人間福祉専攻	
本田　祥真	立命館大学産業社会学部スポーツ社会専攻	

1日5分！
教室でできる漢字コグトレ　中学校1〜3年生

2021（令和3）年3月1日　初版第1刷発行
2024（令和6）年7月31日　初版第5刷発行

著　者　宮口　幸治
発行者　錦織　圭之介
発行所　株式会社 東洋館出版社
　　　　〒101-0054　東京都千代田区神田錦町2丁目9番1号
　　　　　　　　　　　コンフォール安田ビル2階
　　　　代　表　電話 03-6778-4343 ／ FAX 03-5281-8091
　　　　営業部　電話 03-6778-7278 ／ FAX 03-5281-8092
　　　　振　替　00180-7-96823
　　　　URL　https://www.toyokan.co.jp

装　幀　中濱　健治
本文デザイン　藤原印刷株式会社
イラスト　オセロ
印刷・製本　藤原印刷株式会社
ISBN 978-4-491-04341-8
Printed in Japan